Koch, Andreas

WERTEWANDEL

Nur Schlagwort? Oder Innovationskraft des 21. Jahrhunderts?

Koch, Andreas

WERTEWANDEL
Nur Schlagwort? Oder Innovationskraft des 21. Jahrhunderts?

ISBN: 978-3-86741-654-2
Auflage: 1
Erscheinungsjahr: 2011
Erscheinungsort: Bremen, Deutschland

© Europäischer Hochschulverlag GmbH & Co KG, Fahrenheitstr. 1, 28359 Bremen

www.eh-verlag.de

Koch, Andreas
WERTEWANDEL

Wir sind der Evolution nicht ausgeliefert – wir *sind* die Evolution.

Erich Jantsch
Astrophysiker, Gründungsmitglied des Club of Rome

Aha. – Ja, klar!

Inhalt

Vorwort	1
TEIL 1	**6**
Wandlungskräfte gestern und heute	**6**
Ade, du schöne Männlichkeit. Das Ende der patristischen Epoche	18
Auch das noch. Der Beginn des Wassermann-Zyklus	31
Panta rhei! Der Übergang ins postmaterialistische Zeitalter	41
Es gibt ein Leben nach der Krise. Am Anfang eines neuen Kondratieff-Zyklus	48
TEIL 2	**54**
Konsequenzen für die Zukunft	**54**
Etwas mehr sollt es schon sein. - Die Verlagerung vom Prinzip der kurzfristigen, eindimensionalen Maximierung auf dasjenige der längerfristigen, mehrdimensionalen Optimierung	55
Wie weiter? – Die Notwendigkeit des Primats ethischer Grundsätze und Anforderungen	57
Zusammen sind wir besser. – Ein verstärktes Bewusstsein für und ein erhöhter Bedarf an Kooperation	62
Rasen ist ungesund! – Entschleunigung	64
Hamlet lässt grüßen. – Sinn und nicht Sinn, das ist in Zukunft die Frage	66
Hier und alles. – Die Zunahme der Anspruchstiefe	69
Yes, we must. – Die Übernahme globaler Verantwortung	72
Wir sind das Volk! – Neue, direktere Formen bei Mitsprache- und Entscheidungsmöglichkeiten in Politik und Wirtschaft	75
Neues Denken braucht das Land. – Hoher Bedarf an weitsichtiger Intelligenz	78
Es wird nicht die Letzte sein. – Krisenkompetenz	82
Luxus ist out. – Soziales Engagement ist in	85
Geht's um die Wurst? – Neue Ernährungsgewohnheiten	88
Nicht die Pille. – Starke Veränderungen im Gesundheitswesen	90
Es ist alles ganz anders. – Wir werden durch den Wandlungsprozess auch die Revolution des herrschenden allgemeinen Weltbildes erfahren	91

Werte bisher und morgen. – Die sich verändernden Ziele,
Vorstellungen, Bedürfnisse, Wertschätzungen   101

Homo sapiens, jetzt. – **Selbstevolution**   103

Glossar/Annex   112

Quellen   124

Vorwort

Die Frage „Was bringt die Zukunft?" beschäftigt uns heute doch alle irgendwie. In der Wirtschaft gehen mittlerweile halbe Armeen so genannter Trendscouts im Auftrag industrieller Unternehmen rund um den Globus dieser Frage nach. Dieses Buch geht die Frage nach der Entwicklung der Zukunft auf eine andere Weise an. Es setzt sich mit dem Wertesystem auseinander, das die gegenwärtige Zivilisation und Kultur hervorbrachte; vor allem aber mit demjenigen, welches *bestimmend für die Zukunft* ist. Und es fragt nach dem „Warum", dem Grund der Veränderung von Wertesystemen generell und demjenigen des aktuellen Wandels im Besonderen.

Denn die Frage nach der Entwicklung und dem Zusammenspiel menschlicher Werte- und Denksysteme einerseits, dem Agieren auf der Handlungsebene andererseits stellt sich angesichts gewaltiger gesellschaftlicher Umbrüche und globaler Veränderungsprozesse heute stärker denn je:

Was geht eigentlich vor sich? – Warum all die Krisen in unserem herrschenden System? – Was bedeutet das alles? – Woran soll man sich orientieren in hochvolatilen Zeiten wie diesen? – Was kommt auf uns zu? – In welche Richtung bewegt sich die Welt? – Welche Anforderungen stellt die Zukunft an uns? – Und, ganz wesentlich: Wo liegen die Chancenpotenziale der Zukunft?

Wir alle, damit meine ich jeden Menschen, brauchen keine Kristallkugeln, um an Informationen über die Zukunft zu kommen. Wir sollten einfach nicht nur verschiedene Informationsmöglichkeiten und -mittel miteinander vergleichen und deren Inhalte verknüpfen, sondern auch unterschiedliche Informations*ebenen;* und jeweils die Relevanz der angebotenen Informations*substanz* bewerten. Das ist im Grunde schon das ganze Geheimnis. Die Substanz ist daran zu erkennen, dass dieselbe Information in teils sehr unterschiedlicher Form und auf verschiedenen Ebenen inhaltlich immer wieder erscheint. (Sie werden in diesem Buch solche unterschiedlichen Informationsebenen kennen lernen.) Und wir sollten rationale und intuitive Information, wie auch die Informationsebenen an sich, dabei gleichwertig, das heißt vorurteilsfrei, behandeln. Ich denke, wir kommen nur weiter, wenn wir möglichst unvoreingenommen verschiedene Gedanken, Hypothesen, Modelle und Theorien auf ihre Anwendbarkeit und Schlüssigkeit hin prüfen; und ebenso daraufhin, ob sie unser Wissen erweitern oder nicht. Dies sollte nicht nur gelten bezüglich unserer Fragen, was die Zukunft anbelangt, sondern ganz allgemein.

Der Mathematiker Kurt Gödel gilt als der größte Logiker des 20. Jahrhunderts. Er bewies, dass jede ausschließlich rationale Logik über kurz oder lang immer zu Widersprüchen führt, deren Ursache im rationalen Logik-Konzept selbst liegt. Denn kein logisch-rationales System kann seine Konsistenz, seinen inneren Zusammenhang, aus sich selbst heraus begründen. Weil jedes dieser Systeme immer auf axiomatischen Annahmen beruht, die letztlich unbeweisbar bleiben. Die Intuition ist darum, wie das Gefühl, eine Notwendigkeit, ein notwendiges Komplement, um zu einer komplexen Sichtweise zu kommen, das heißt einer umfassenderen Wahrnehmung. Jung bezeichnet Intuition als „die Wahrnehmung der in einer Situation liegenden Möglichkeiten". Die Intuition ist zugleich die wirklich schöpferische Fähigkeit des Denkens, die Ratio hingegen dient primär dazu, das intuitiv erkannte Neue in das bestehende System einzubringen, mit diesem zu verknüpfen. Und so eine Neuordnung hervorzubringen. Diese erscheint uns dann oft als etwas „echt" Neues, ist es aber gar nicht. (Wir kennen das ja vom Einkaufen her: Man macht das Fläschchen neu, eine neue Verpackung und: Hoppla, schon glauben wir, dass wir was echt Neues vor uns haben.) Auf die überragende Bedeutung intuitiv wahrgenommener Information weist übrigens eine Aussage Albert Einsteins hin: „Was wirklich zählt, ist Intuition"; er müsste es ja eigentlich aus eigener Erfahrung wissen.

Wer also die intuitive Form der Wahrnehmung missachtet, nur auf die Logik setzt, der dreht sich schließlich im Kreis. Und irgendwann wird einem schwindlig davon, und man fällt auf die Nase. Auch das ist Gödels Erkenntnis. Allerdings ein wenig salopp ausgedrückt, das gebe ich zu.

Ganz wichtig im Zusammenhang mit dem Vergleich von Informationen verschiedener Ebenen ist auch, deren unterschiedliche Beschreibungsmethoden und -modelle als unterschiedliche *Symbolsysteme* zu sehen. Also zum Beispiel als dasjenige der Physik, der Mathematik, der Psychologie, der Soziologie, der Ökonomie; aber auch das der Kunst oder der Religion. Begriffe und Sprache sind immer Symbolsysteme, genauso wie mathematische Formeln oder Bilderwelten. Immer ist die Informationssubstanz „hinter" den verwendeten Symbolsystemen zu suchen und diese miteinander zu vergleichen, ob und wie sie in Beziehung zueinander stehen, wie und wo sie sich inhaltlich decken oder zumindest teilweise überlagern. Dazu ist es hilfreich, wenn man weiß, dass aufgrund der Gesetzmäßigkeiten, wie wir die Welt überhaupt wahrnehmen können, jede Form von Information letztlich symbolischer Natur ist. Ich werde im Text auf diesen Umstand und die Vorteile, die aus diesem Wissen resultieren, näher eingehen. – Nicht zu vertieft, keine Angst! Nur so weit, wie es zum Verständnis der in diesem Buch beschriebenen Veränderungsprozesse notwendig ist.

Intuition ist also Voraussetzung, um zu wirklich neuer Information zu kommen, und das überall, auf allen Gebieten. Denn die Intuition führt uns einerseits auf die Spuren von Informations*substanz,* indem sie auf unbewusste Weise die Aufmerksamkeit für bedeutungsvolle Informationselemente fördert. Sie ist damit die Voraussetzung für die Wahrnehmung dieser Substanz. Die rationale Logik andererseits stellt dann die sinnvolle Verknüpfung her zu den schon vorhandenen Denkinhalten, sorgt für die Integration des Neuen. Beide sind wichtig, Intuition und Ratio. Denn ohne die Integration bewirkt das Neue nicht Erweiterung, Weiterentwicklung, sondern Chaos.

Intuitive Erkenntnis basiert auf einem anderen Logik-Konzept als die Ratio, ist aber ebenso „rational". Zur Veranschaulichung und als Beispiel sei hier auf das Logik-Konzept der Booleschen Logik (benannt nach George Boole einem englischen Mathematiker) verwiesen, das von vornherein davon ausgeht, dass ein Etwas gleichzeitig das ist, was es ist, und sein „Komplement"; das heißt ein dieses Etwas ergänzendes, was ihm zur Vollständigkeit fehlt.

Das letzte, aber wohl ausschlaggebende Element bei der Auffindung, der Erforschung und Bewertung von Informationssubstanz aus unterschiedlichen Informationsebenen ist dann die persönliche Erfahrung. Und so – durch Intuition, Ratio, Erfahrung – ergibt sich dann eine zunehmend umfassendere, komplexere Sichtweise wie auch die Wahrnehmung neuer, komplexer Zusammenhänge. Auf die Bedeutung von „Komplexität" gehe ich im Laufe des Textes ebenfalls näher ein. Hier bedeutet sie einfach „verknüpft".

Es war meine langjährige berufliche Auseinandersetzung mit Fragen der Entstehung, Formung und Darstellung von Unternehmenskulturen und ihren Wertesystemen, die mich zur Untersuchung ähnlicher Fragen auf der Ebene allgemeiner gesellschaftlich-kultureller Prozesse führte. Ebenfalls aus den Themen meines beruflichen Tätigkeitsfeldes heraus entstand das Interesse an Fragen über die Zusammenhänge von Wahrnehmung und Bewusstsein und die Entstehung und Veränderung von Vorstellungen über die Wirklichkeit.

Denn meine ursprünglichen Arbeitsgebiete waren Werbung und Marketing, zu denen ich aufgrund meiner Faszination für Produkt- und Unternehmensmarken kam. Und dabei wiederum war es vor allem der Mythos einer Marke, der mich am stärksten interessierte. Über diesen Themenkomplex kam ich zur vertieften Auseinandersetzung mit der Analytischen Psychologie, machte so auch die Bekanntschaft mit dem Generalthema dieser Psychologie: der Struktur und der Evolution des menschlichen Bewusstseins. Dieses Thema brachte eine ebenso interessante wie intensive Auseinandersetzung über etliche Jahre hinweg mit sich – zuerst allerdings in mehr theoretischer Weise. Einige umwälzende Ereignisse in meinem Leben ermöglichten es mir dann, die Tatsächlichkeit und Relevanz der tiefenpsychologischen Sichtweise persönlich zu erfahren.

Diese Erfahrungen und Kenntnisse, in Verbindung mit meinem Interesse an der menschlichen Entwicklungsgeschichte und an naturwissenschaftlichen Theorien und Modellen zur Erklärung, warum die Welt so ist, wie sie ist, zeigten mir, dass der Weg der Evolution des Bewusstseins, wie er von der Analytischen Psychologie gesehen wird, eine Tatsache ist; und zwar sowohl was den einzelnen Menschen anbelangt, wie auch die Menschheit insgesamt. Im Zuge dieses Prozesses kommt der Mensch sukzessive zu einem immer breiteren Horizont in seiner Wahrnehmung, erkennt auf diese Weise immer komplexere Zusammenhänge. Das wiederum führt Schritt für Schritt zu einem immer differenzierteren Bewusstsein und im Laufe der Entwicklung dadurch zu einem „verfeinerten" Verhalten.

Diese Sichtweise ermöglicht es, sowohl historische als auch aktuelle Veränderungen in das Vorstellungsbild über die Welt logisch einordnen zu können, sie als Phasen und Schritte innerhalb eines Entwicklungsprozesses zu sehen. Mit dem vorliegenden Text möchte ich generell die Folgerichtigkeit dieses Entwicklungsprozesses aufzeigen; ganz besonders aber die Grundlagen, damit verbundene Phänomene, Anforderungen und Konsequenzen der Entwicklungsphase verständlich machen, in der wir uns *aktuell* befinden.

Zur Charakterisierung des Phänomens, mit dem wir es zu tun haben, dient vielleicht am besten die Aussage von Henry Louis Mencken: „Für jedes komplexe Problem gibt es eine einfache Lösung – und sie ist falsch." Erwarten Sie von diesem Buch also bitte nicht einfach Rezepte oder primär die Beleuchtung kurzfristiger und spekulativer Trends. Das ist hier nicht das Ziel. Denn wir haben es beim Wertewandel mit einem komplexen und mehrdimensionalen Geschehen zu tun, dessen Auswirkungen in zeitlichen Größenordnungen von sowohl Jahren und Jahrzehnten wie auch in solchen von Jahrhunderten liegen. Der Text soll Ihnen vor allem behilflich sein für die bewusste Wahrnehmung des Prozesses, der vor sich geht und in dem wir gleichzeitig Betrachter wie auch Mitwirkende sind. Was für unseren logischen Verstand nicht unbedingt eine große Erleichterung bei der Situationsanalyse mit sich bringt!

Umso erstaunlicher, dass der Prozess trotzdem logisch verstehbar ist. Ich hoffe, das mit diesem Buch deutlich zu machen. Denn damit kann es einen – wie mir scheint nicht unwesentlichen – Beitrag zur generellen Orientierung leisten. Zusätzlich hoffe ich, die Entwicklungstendenzen für die Zukunft so aufzeigen zu können, dass die sich eröffnenden neuen Gestaltungsmöglichkeiten und Chancen deutlich zu erkennen sind – und damit bei Ihnen den Glauben an eine vom Menschen erfolgreich zu gestaltende, bewusste Weiterentwicklung von Individuum, Gesellschaft, Zivilisation und Kultur zu stärken.

Wenn dies gelingt, dann ist dieses Buch ein Erfolg – und zwar ein *gemeinsamer* Erfolg! Und darauf kommt es in Zukunft vor allem an.

TEIL 1

Wandlungskräfte gestern und heute

Wir leben also in einer Umbruchszeit. Und man darf diese durchaus als Zeitenwende bezeichnen – den Beginn einer neuen Ära. Denn wir befinden uns in einer Phase, in der mindestens vier „Zeitströmungen" oder Entwicklungszyklen zusammentreffen. Diese vier Strömungen sind:

– der Anfang eines neuen Kondratieff-Zyklus

– der Übergang ins postmaterialistische Zeitalter

– der Beginn des Wassermann-Zyklus

– das Ende der patristischen Epoche

Die Erschütterungen und Krisen in unserem herrschenden System sind in diesem Zusammenhang zu sehen. Denn aus der Geschichte lässt sich ersehen, dass entwicklungsgeschichtliche Umwälzungen immer starke Auswirkungen auf sämtliche Lebensbereiche hatten; somit selbstverständlich auch auf die Ökonomie, die Politik, die sozialen Systeme und – das Wertesystem.

Ich werde in diesem Text aufzeigen, warum ich diese These vertrete und auf welchen Grundlagen sie basiert. Ebenso werfen wir einen Blick auf die Auswirkungen, die für Kultur und Zivilisation mit diesen entwicklungsgeschichtlichen Umwälzungen verbunden sind.

„Kultur" und „Zivilisation" unterscheide ich hier grundsätzlich im Sinne von Kant. Zur Kultur gehört unabdingbar die Idee der Moralität, oder wie man heute eher sagt: der *Ethik*. Gemäß Kant ist es das ethisch-moralische Handeln, das den Menschen einerseits vom „rein natürlichen" Handeln – das heißt instinkt- und triebbestimmtem Agieren und Reagieren – trennt, ihn andererseits aber auch zum Endziel der Natur macht, indem er ethisch-moralische Ziele mit oberster Priorität beachtet und verwirklicht. Ohne diese Priorität vermag der Mensch sich bloß technologisch zu entwickeln, was zur Zivilisation führt.

In punkto einer zeitgemäßen Definition von Moral und Ethik gefällt mir persönlich am besten diejenige von Erich Jantsch, einem der Mitbegründer des Club of Rome: „Ethik ist nichts anderes als ein Kodex evolutionsgerechten Verhaltens, und Moral ist das lebendige Erfühlen eines solchen Verhaltens."

Aus der Anthropologie weiß man, dass Menschen in heute existierenden ursprünglichen kulturellen Gemeinschaften die Welt wesentlich anders wahrnehmen und darauf reagieren, als wir es tun. Und auch wenn wir die Entwicklung von Denken und Bewusstsein[1] menschheitsgeschichtlich betrachten, stellen wir fest, dass zu verschiedenen Zeiten verschiedene Arten von Bewusstsein vorherrschten.

Der Philosoph und Bewusstseinsforscher Jean Gebser war einer der Ersten, der ein Strukturmodell der Bewusstseinsgeschichte des Menschen etablierte. Er hat aus etymologischen und kulturhistorischen Überlegungen geschlossen, dass die Entwicklung des menschlichen Bewusstseins in Stufen erfolgt und nannte diese:

– archaisches Bewusstsein

– magisches Bewusstsein

– mythisches Bewusstsein

– mentales Bewusstsein

– integrales Bewusstsein.

Auf jeder dieser Ebenen gelten eigene Gesetzmäßigkeiten. Während im mentalen Bereich primär die Gesetze der rationalen Logik gelten, sind in den anderen Bereichen ganz andere Gesetzmäßigkeiten wirksam.

Nach Gebser ist das mentale Bewusstsein die aktuelle Stufe und Existenzform des „westlichen" Menschen und all derer, die er vom Erfolg dieser Form überzeugt hat. Gekennzeichnet ist diese Bewusstseinsstufe durch die Vorherrschaft der Abstraktion. Diese führte auf vielen Gebieten zu sehr großen Leistungen, vor allem auf dem Gebiet der Wissenschaften. Gleichzeitig entstand dadurch aber auch Loslösung und Absonderung von den natürlichen Gegebenheiten, von der organisch-natürlichen Welt. So, wie der Mensch auf der magischen Bewusst-

---

[1] Das Wort **Bewusstsein** entstammt dem lateinischen conscientia, was wörtlich so viel bedeutet wie „Mitwissen". „Bewusstsein" wird heute in einem vielfältigen Sinne benutzt, der sich sehr oft mit der inhaltlichen Bedeutung von Geist überschneidet, manchmal auch mit derjenigen von Psyche oder Seele. Im Vergleich dazu ist „Bewusstsein" aber nicht von theologischem oder metaphysischem Gedankengut bestimmt, aus diesem Grund wird der Begriff auch in den Naturwissenschaften verwendet. (Weitere Ausführungen im Glossar/Annex)

seinsstufe noch in relativer Ungeschiedenheit von der Natur lebte, so sehr habe sich der mentale Mensch von all diesem losgelöst und abgesondert, sagt Gebser. Gleichzeitig definiert er für die Zukunft ein *integrales* Bewusstsein. In diesem ist der Mensch ganzheitlich orientiert, sich der Funktion von Gefühl, Logik, Intuition vollständig bewusst und versteht die Differenzierung von Geist, Seele, Körper ebenso wie ihre Zusammenhänge. Auch nach den Erkenntnissen des analytischen Psychologen Erich Neumann steht das menschliche Bewusstsein in einem schon Jahrtausende dauernden schöpferischen Evolutionsprozess[2]. Das bedeutet, dass vom Bewusstsein im Zuge dieses Prozesses zunehmend Inhalte des Unbewussten assimiliert wurden bei fortschreitender Erweiterung des Bewusstseinssystems der Menschheit.

Im Zusammenhang mit der Erforschung von Bewusstsein sind die Begriffspaare „Kollektiv – Individuum" und „Bewusstsein – Unbewusstes" von großer Bedeutung. Denn die Psychologie entdeckte ja Ende des 19. Jahrhunderts, dass neben unserem Bewusstsein noch etwas anderes existiert – ein Unbewusstes (manchmal auch Unterbewusstes genannt). Und das existiert interessanterweise ebenso in der individuellen wie der kollektiven Psyche; von Familien über Gruppen bis hin zu ganzen Völkern und Kulturen. Hier ist vor allem Sigmund Freud zu nennen, der als Erster diese Entdeckung machte, und dann C.G. Jung, der auf der Basis von Freuds Erkenntnissen weiterführende Forschungen im Themenkomplex „Bewusstsein – Unbewusstes" machte. Die moderne Gehirnforschung bestätigt diese und zeigte gleichzeitig, dass das Unbewusste noch viel bedeutungsvoller ist, als Freud je angenommen hätte. Ging dieser nämlich seiner Zeit in einer Analogie noch davon aus, das Verhältnis von Bewusstem zu Unbewusstem sei etwa wie dasjenige des sichtbaren zum unsichtbaren Teil eines im Wasser treibenden Eisberges, so zeichnen neue Entdeckungen der Neurophysiologie ein viel krasseres

---

[2] Der Begriff ***Evolution*** leitet sich ab vom lateinischen Verb *evolvere*, was soviel bedeutet wie „abwickeln, sich in der Zeit entwickeln". Synonyme Begriffe für Evolution sind: Entwicklungsprozess, Entwicklungsverlauf, Fortentwicklung. Der Begriff „Evolution" wurde 1774 vom Schweizer Naturforscher Albrecht von Haller für seine Vorstellung von der Entwicklung des Menschen geprägt. – Drei aufeinanderfolgende Phasen der Evolution sind heute erkennbar: die materielle, die biologische und die psychisch-geistige. Die von Biologen unter dem Begriff „Evolution" zumeist alleine verstandene Stammesentwicklung der Pflanzen- und Tierarten ist nur ein Teilabschnitt des Gesamtprozesses.

Bild. Das Bewusstsein ist danach nicht mehr als ein Schneeball auf der Spitze des aus dem Wasser ragenden Teils des Eisberges!

Bekanntlich kann der Mensch ja nie einfach nur Schönes, Gutes und Wahres denken und fühlen. Die Analytische Psychologie sagt zur Entwicklung von Psyche und Bewusstsein sogar, dass die Psyche Triebe und Affekte als Anlagen enthalte, die sie ausleben müsse – individuell wie kollektiv. Diese hätten in der ersten Hälfte der psychisch-geistigen Entwicklung noch eine rohe und primitive Form und entladen sich, wenn sie ausgelebt werden, meistens in Aggression und Destruktion. Sie enthüllten dabei all das, was in der Schattenseite der Psyche vorhanden sei. Je mehr Destruktives der Mensch aber in sich erkenne und verwandle, umso breiter werde sein Bewusstsein, und umso weiter entwickle sich dadurch seine Fähigkeit zur Wahrnehmung komplexer Zusammenhänge.

Wenn man bestrebt ist, eine in Bezug auf die konstituierenden kulturellen Werte möglichst ideale Einstellung zu haben, so verdrängt man automatisch alles, was zu diesen Werten nicht passt. Und aus diesem verdrängten „Material" setzt sich dann zum großen Teil das *persönliche* Unbewusste zusammen. Den anderen Teil des Unbewussten bezeichnete Jung als das unpersönliche oder *kollektive* Unbewusste. Wie schon der Name sagt, enthält dieses kollektive Inhalte; das heißt solche, welche nicht einem Individuum allein zugehören, sondern mindestens einer ganzen Gruppe von Individuen, meist einem ganzen Volke – ja sogar der gesamten Menschheit.

Zum Verständnis dieses für die Struktur und Entwicklungsgeschichte sehr wesentlichen Teiles der menschlichen Psyche nachfolgend eine wörtliche Definition Jungs: „Das Unbewusste zerfällt nach meiner Auffassung in zwei scharf zu unterscheidende Teile. Der eine Teil ist das sogenannte persönliche Unbewusste. Es enthält alle diejenigen psychischen Inhalte, welche im Lauf des Lebens vergessen worden sind. Ihre Spuren sind im Unbewussten noch enthalten, auch wenn jede bewusste Erinnerung erloschen ist. Ausserdem enthält es alle subliminalen Eindrücke oder Perzeptionen, welche eine zu geringe Energie besaßen, um das Bewusstsein erreichen zu können. Dazu kommen noch die unbewussten Vorstellungskombinationen, welche noch zu schwach und zu undeutlich sind, um die Bewusstseinsschwelle überschreiten zu können. Schließlich finden sich im persönlichen Unbewussten auch alle diejenigen Inhalte, die sich als inkompatibel mit der bewussten Einstellung erweisen. Meist betrifft dies eine ganze Gruppe von Inhalten. Vor allen Dingen unterliegen der Verdrängung wegen Inkompatibilität diejenigen Inhalte, welche uns moralisch, ästhetisch oder intellektuell als unzulässig erscheinen." Das kollektive Unbewusste bezeichnete Jung als „den Niederschlag allen menschlichen Erlebens, bis zurück in die dunkelsten Anfänge der Entwicklung, als die gewaltige Erbmasse der Menschheitsentwicklung". Dieses Unbewusste ist aber nicht nur quasi die geistige Enzyklopädie oder geistige DNA der Menschheit, sondern bringt auch aktiv schöpferische Impulse hervor.

In der Kultur lässt sich gemäß Erich Neumann eine fortlaufende, wenn auch in Schüben erfolgende Entwicklung des menschlichen Bewusstseins innerhalb der letzten zehntausend Jahre eindeutig feststellen. Die Entwicklungsstadien konstellieren sich dabei in einer gesetzmäßigen Aufeinanderfolge und bestimmen jede psychische und bewusstseinsmäßige Entwicklung – sowohl individuell wie auch kollektiv. Die Stadien, die kollektiv bestimmend sind, werden dabei anschaulich erkennbar in den Mythologien, Religionen und den kulturellen Wertesystemen der Menschheit.

Neumann sagt, dass erst die Zusammenschau der kollektiven Entwicklungsgeschichte der Menschheit mit der individuellen Entwicklungsgeschichte des Bewusstseins eines einzelnen Menschen ein Verständnis der psychisch-geistigen Entwicklung im Ganzen und der Individualentwicklung beim Einzelnen ermöglicht. Denn die Bewusstseinsentwicklung in ihren Phasen sei ebenso ein kollektiver Prozess der Menschheit wie ein individuelles Geschehen der Einzelentwicklung. In der Menschheitsgeschichte wie in der Entwicklung jedes Individuums stehe dabei ein Übergewicht überpersönlicher Faktoren am Beginn der Entwicklung. Erst im weiteren Verlauf werde der personale Bezirk sichtbar und selbstständig. (Dieser Aspekt ist relevant im Zusammenhang mit der Entstehung und Bedeutung der patristischen Epoche – wie auch deren jetzigem Ende.)

Neumann sagt weiter, die Entwicklung jedes Individuums werde dabei durch die gleichen psychischen Strukturelemente dirigiert, welche auch die Kollektivgeschichte der Menschheit bestimmen. Denn in der Entwicklung des Bewusstseins habe das Individuum die gleichen Phasen und Stadien zu durchschreiten, welche auch innerhalb der gesamten Menschheit die Entwicklung des Bewusstseins bestimmen. Ontogenese folgt somit der Phylogenese, der Einzelne hat in seinem Leben die Spur nachzugehen, welche die Menschheit vor ihm gegangen ist! (Er kann als Individuum aber andererseits auch über diesen Punkt hinausgelangen.) Damit findet man auf der Ebene des Psychisch-geistigen grundsätzlich dasselbe wieder, was die Biologie für die physische Entwicklung und die genetische Information zeigen konnte. Und so wird auch verständlich, warum das Wachstum des Bewusstseins nicht linear, sondern in Schüben erfolgt, denn im physiologischen Bereich erfolgt der Wachstumsprozess auch schubweise.

Norbert Elias beschreibt in seinen soziologischen und psychogenetischen Untersuchungen den von Neumann aufgezeigten Prozess unter dem Blickwinkel soziokultureller Entwicklung, kommt aber hinsichtlich des praktischen Ergebnisses zum selben Schluss. Je weiter man durch die Fülle der einzelnen Fakten hindurch zu den Strukturen und Verflechtungszwängen der Vergangenheit vordringe, desto klarer bilde sich ein festes Gerüst von Prozessen heraus, in das sich die verstreuten Fakten einfügen, sagt Elias. Wie sich ehemals für die beobachtenden Menschen durch viele Irrwege und Sackgassen des Denkens hindurch aus den einzelnen Naturbeobachtungen langsam eine geschlossene Vision des Naturzusammenhangs herausgehoben habe, so ordneten sich in unserer Zeit sukzessive die Fragmente der menschlichen Vergangenheit, die in unseren Köpfen und unseren Büchern dank der Arbeit vieler Generationen aufgehäuft liegen, zu einem geschlosseneren Bild des Geschichtszusammenhanges und des menschlichen Kosmos überhaupt. Was die einzelnen Teile innerhalb der gesellschaftlichen und geschichtlichen Prozesse tun, sei gegenüber dem Gesamtprozess zwar unbewusst, blind getan. Niemand wisse, was das, was er als Individuum tut, denkt, redet oder auch verweigert, im Gesamtgefüge der historischen Bewegungen bewirkt. Und doch komme am Ende eine Ganzheit heraus, die sinnvoll sei, zumindest als **sinnvoller Prozess** gedeutet werden könne, und die man vergleichsweise rational betrachten könne. Nun gebe es verschiedene Ansätze, die Sinnhaftigkeit solcher Prozesse in hypothetischer Form zu erklären oder zu deuten. Was alle diese Versuche im weitesten Sinne verbinde, sei die mehr oder weniger konkrete Vorstellung der Relevanz psychisch-geistiger Wirkfaktoren.

Diese geistige Bestimmtheit drücke sich aus in einer logisch nicht nachvollziehbaren Form von Informationsaustausch. Die einzelnen Teile des Gesamtsystems geben dabei eine bestimmte Art von Information an andere Teile weiter, die diese in Handlung oder in andere Information umsetzen und so wiederum auf weitere Teile des Systems einwirken. (Relevantes Stichwort hier: *Komplexität*.) Der durchgehende Austauschprozess von Information sei zwar nachzuvollziehen, warum dabei aber am Ende ein hochkomplexes System herauskommt, das sich als sinnvoll interpretieren lässt und eine positive Grundhaltung zur Entfaltung des Lebens und des Bewusstseins ausdrückt, sei nicht erklärbar. Auch wenn dazu oftmals logisch klingende Begriffe verwendet werden, wie zum Beispiel „Selbstorganisation", die suggerieren, wir hätten die Sache logisch „gecheckt" und „im Griff."

Soweit die Sichtweise von Norbert Elias. Für ihn bleibt der Prozess im Vergleich zu Neumann letztlich doch eher undurchsichtig. Als Soziologe konzentriert er sich auf die Phänomene, erkennt die psychisch-geistigen Grundlagen nur grundsätzlich an. Mir scheint, er hat mit dem Verstehen des Geschehens aber immer noch weniger Probleme als der Großteil der heutigen Fachexperten, welche die aktuellen Veränderungen und Krisen im herrschenden System kommentieren. Sie analysieren zwar die Geschehnisse sehr eingehend, erklären sie retrospektiv auch wunderbar einleuchtend. – Was, mit Verlaub, bei auch nur einigem Fachwissen nicht so sehr schwierig ist. Wie sagt doch der Volksmund: „Nach der Tat hält jeder Esel Rat!" – Sie sehen, untersuchen und erklären aber immer nur die Oberflächenbewegungen, die Wellenhöhen und Geschwindigkeiten der Tsunamis, denen wir ausgesetzt sind. Was sie hingegen nicht sehen, ist, dass deren fundamentale Ursache in einer Verschiebung der entwicklungsgeschichtlichen Grundlagen liegt, also quasi in der „Tektonik" des Kollektivbewusstseins, des Psychisch-geistigen. Denn erstaunlicherweise haben sich die allerwenigsten Fachwissenschaftler durch die Tiefenpsychologie – und insbesondere die Psychologie Jungs – bis heute groß beirren respektive bereichern lassen. Erstaunlich ist dies deshalb, weil in vielen wissenschaftlichen Disziplinen mittlerweile erforscht wurde, wie sehr die menschliche Spezies von arttypischen, unbewussten psychischen Strukturen bestimmt wird. Hervorzuheben wären hier insbesondere die Gehirnforschung, die Verhaltensforschung, die Soziobiologie, die Psychiatrie, die Anthropologie, die Linguistik, die Kognitionspsychologie und die Evolutionspsychologie. Auf diesen Gebieten entstanden für archetypische Strukturen Ausdrücke wie „angeborene Auslösemechanismen, Verhaltenssysteme, Tiefenstrukturen, psychobiologische Reaktionsmuster, tief homologe neurale Strukturen, epigenetische Regeln und Darwinsche Algorithmen". Sie alle zeigen ziemlich klar, dass der psychische Ausgangspunkt kulturell-zivilisatorischer Prozesse immer stärker in den Vordergrund tritt; ja, dass die Psyche letztlich der Quellpunkt *aller* kulturellen Phänomene ist!

Peter Russell, der in Cambridge bei Stephen Hawking Physik studierte, sagt: "Das Leben schreitet von einfachen zu immer komplexeren Formen fort. Die Strukturen werden immer differenzierter, und die Einzelteile sind immer mehr miteinander verbunden und organisiert". Das individuelle Leben des Einzelnen, wie auch die menschliche Entwicklungsgeschichte an sich, ist ein Prozess, *der einem sinnvoll geordneten Muster* folgt. Und die Evolution des Menschen ist primär zu begreifen als Entwicklungsweg des Bewusstseins. Das Ego des Menschen in der Generationenfolge (Phylogenese) und jedes einzelnen Menschen (Ontogenese) ist eine Bewegung vom Unbewussten hin zu zunehmendem Bewusstsein. Zugegebenermaßen ist es allerdings nicht gerade leicht, die Sinnhaftigkeit und Ordnung des Prozesses zu *sehen*, da er aufgrund seiner Eigenkomplexität für uns logisch nur schwer fassbar ist. Denn die Evolution verläuft nie stringent. Den Grund dafür verdeutlichen vielleicht diese zwei Illustrationen noch besser:

Die Spirale links steht für die Grundtendenz des Prozesses: Die Entwicklung zu einem immer breiteren Bewusstsein mit der Wahrnehmung immer komplexerer Zusammenhänge, kollektiv wie individuell. Die Schwierigkeit, diese Entwicklung wahrzunehmen, liegt in erster Linie darin, dass wir es nicht mit einem einfachen, linearen Prozess zu tun haben, sondern mit einem *hochkomplexen*, in dem Entwicklungsströmungen in unterschiedlicher energetischer Dynamik und Intensität ablaufen. Und: Strömungen können sich durchkreuzen, überlagern, in Subsystemen unterschiedlich schnell ablaufen. Sogar gegenläufige Bewegungen sind möglich, die zu einer Regression, einem Rückfall auf eine frühere Entwicklungsstufe führen. Die Illustration rechts soll dies sinnbildlich zeigen und ein kleines Stück aus der linken Spirale abbilden, welche ja die grundsätzliche Entwicklung des Prozesses zeigt.

Der Prozess verläuft zudem auch global nicht homogen, da aufgrund kultureller Schranken der Informationsaustausch – als fundamentaler Faktor von Bewusstseinsevolution – bis in die Mitte des 20. Jahrhunderts ziemlich langsam verlief. Durch die Globalisierung fallen diese Schranken aber zunehmend weg, sodass der Prozess seit einigen Jahrzehnten sowohl homogener wie auch beschleunigter abläuft.

Lassen Sie mich jetzt noch kurz auf den Begriff der **Komplexität** eingehen. Denn er ist von großer Bedeutung für das Verständnis der Vorgänge, die auf psychisch-geistigem wie auf soziokulturellem Gebiet vor sich gehen; ja, zum Verständnis der Lebensprozesse allgemein.

„Komplexität" leitet sich vom lateinischen Wort *complexus* ab, was so viel bedeutet wie „Verknüpfung". Der Begriff Komplexität steht allgemein für die Verknüpfungen unterschiedlicher Elemente oder Faktoren miteinander, die in wechselseitiger Abhängigkeit aufeinander einwirken.

Im Unterschied zu Komplexität deutet der Begriff „Kompliziertheit" auf Verwirrung und Unordnung hin. Man weiß heute aus den Naturwissenschaften und der Systemtheorie, dass Komplexität eine Grundeigenschaft der Natur ist. Kompliziertheit hingegen ist einfach das Resultat menschlicher Verwirrtheit.

Im Mahāyāna-Buddhismus existiert übrigens eine Vision der Wirklichkeit als eines Juwelennetzes. Dieses Netz wird als symbolhafte Darstellung für die Verbundenheit aller Dinge und Ereignisse im Kosmos interpretiert. Es besteht aus einer unendlichen Zahl geschliffener Edelsteine mit einer Vielzahl von Facetten, in denen sich die Edelsteine gegenseitig widerspiegeln und bis ins Unendliche reflektiert werden. Kein Knotenpunkt existiert für sich, jeder ist verbunden und spiegelt sich in allen anderen wider. Dieses magische Netz symbolisiert die wechselseitige Bedingtheit und Verbundenheit allen Seins. Die Welt ist dabei ein Bereich kompletter Balance in wechselseitiger Identität und gegenseitiger Durchdringung.

Unternehmen, Organisationen, Institutionen, kulturelle Entitäten wie Familien, Gruppen, Völker und auch die menschliche Gesellschaft insgesamt sind komplexe und adaptive Systeme; ja, sogar jedes Individuum ist ein solches, denn das Lebendige an sich ist charakterisiert durch das Zusammenwirken komplexer Systeme. *Komplexe Systeme* sind Systeme, welche sich der Vereinfachung verwehren und vielschichtig bleiben. Die Wirkzusammenhänge der Systemkomponenten sind im Allgemeinen nichtlinear. Und die Wechselwirkungen/Beziehungen zwischen den Teilen des Systems sind lokal, ihre Auswirkungen hingegen in der Regel global = umfassend. Insbesondere gehören hierzu die komplexen adaptiven Systeme, die imstande sind, sich an ihre Umgebung anzupassen.

Und: Unternehmen, Organisationen, Institutionen, Familien, Gruppen, Völker, die menschliche Gesellschaft insgesamt sind, wie jedes Individuum, **Bewusstseinssysteme**. Das heißt, sie verhalten sich primär gemäß ihren *Denkstrukturen* und *Denkinhalten*. Und darum hat alles von Menschen herbeigeführte Geschehen auf der Oberfläche der Welt seinen Ursprung im aktuell herrschenden Bewusstsein. Die Tatsache, dass zuvor im Text das Unbewusste als unglaublich viel größer und damit natürlich auch als wirkkräftiger erkannt wurde, widerspricht dem nicht. Denn das Unbewusste behält seinen dominierenden Einfluss nur, solange seine Existenz, seine strukturellen Inhalte und seine Bedeutung vom Bewusstsein nicht erkannt werden. Wo dies der Fall ist, „übergibt" das Unbewusste quasi seine Wirkungsmacht an das Bewusstsein.

Gustave Le Bon, der Ende des 19. Jahrhunderts den sozialpsychologischen Klassiker *Die Psychologie der Massen* schrieb, brachte die Bedeutung des Denkens und des Bewusstseins so zum Ausdruck: „Die einzigen Veränderungen von Bedeutung – die einzigen, aus welchen die Erneuerung der Kulturen hervorgeht – vollziehen sich innerhalb der Anschauungen, der Begriffe und des Glaubens. Die bemerkenswerten Ereignisse der Geschichte sind die sichtbaren Wirkungen der unsichtbaren Veränderungen des menschlichen Denkens." – Und damit sind wir definitiv bei der Bedeutung der Werte angelangt, denn Werte sind die konstitutiven, das heißt bestimmenden und grundlegenden Elemente einer Kultur, die Sinn und Bedeutung derselben definieren.

Wenn etwas ein Wert beigemessen wird, so drückt dies aus, dass dieses Etwas bewahrt, gefördert, vermehrt, angestrebt oder realisiert werden soll. Unter dem Begriff „Werte" versteht man die Grundsätze, nach denen eine Gruppe von Menschen, eine Organisation, ein Unternehmen oder die gesamte Gesellschaft ihr Zusammenleben richtet. Wertzuweisungen beinhalten somit auch eine Orientierung für das Handeln. Werte stellen ebenso den Versuch dar, bisher gemachte Erfahrungen in einer verallgemeinerten Weise gegenwärtig zu halten, sodass sie für die Lösung aktueller Probleme als Orientierungshilfe dienen können. Der Begriff **„Wertewandel"** kennzeichnet eine tief gehende Veränderung gesellschaftlicher und individueller Normen und Wertvorstellungen, wird aber insbesondere für die gesellschaftliche Dimension verwendet.

Die Wertvorstellungen der Menschen haben sich im Laufe der historischen und soziokulturellen Entwicklung immer wieder geändert. Denn mit der Bewusstseinsentwicklung und den damit einhergehenden veränderten respektive neuen Denkinhalten werden traditionelle Begründungen oft als sinnlos empfunden. Und damit verbundene Wertvorstellungen entfallen im Laufe der Zeit bzw. werden neben den neuen allenfalls noch toleriert.

Wie eingangs erwähnt, werde ich das Thema des *jetzigen* Wertewandels in Form der Darlegung zweier Ebenen angehen: Die erste betrifft die Ursachen des Wandels. Die zweite beschäftigt sich mit den Auswirkungen.

Die ursächliche Grundlage des aktuellen Wertewandels, ist das eingangs des Textes vorgestellte Zusammentreffen von vier Entwicklungsströmungen:

− der Anfang eines neuen Kondratieff-Zyklus

− der Übergang ins postmaterialistische Zeitalter

− der Beginn des Wassermann-Zyklus

− das Ende der patristischen Epoche

Mit der unten stehenden Darstellung möchte ich eine Vorstellung davon geben, mit welchen „Längenwellen" bzw. zeitlichen Größenordnungen wir es bei diesen Strömungen im Einzelnen zu tun haben:

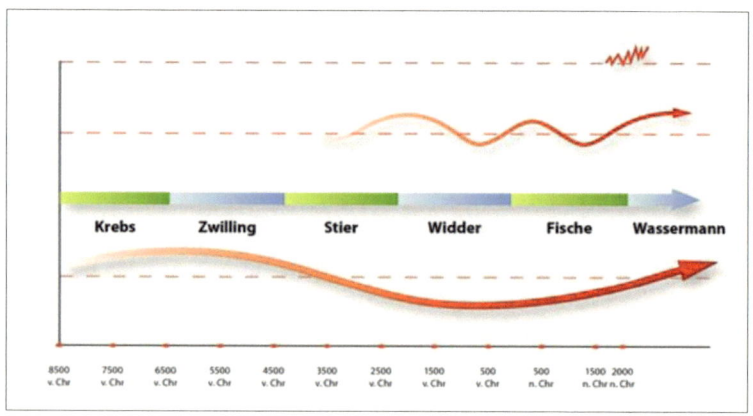

Der Zyklus der patristisch-patriarchalischen Periode umspannt einen Zeitraum von mehr als 5000 Jahren. Die ihm vorangegangene Epoche dauerte ebenfalls so lange. Der Wassermann-Zyklus umfasst einen Zeitraum von etwas über 2000 Jahren, nämlich 2160 Jahre. Alle ihm vorangegangenen sogenannten Weltenmonate dauerten ebenso lange. – Wie lange ist die Wellenlänge des materialistischen Zeitalters? Man kann sagen: Sie beträgt etwa 300 bis 500 Jahre, denn der wissenschaftliche Materialismus hatte seine Blütezeit ungefähr von der Renaissance bis in die 20er-Jahre des letzten Jahrhunderts. Perioden, in denen die materialistische Sichtweise und materielle Werte stark im Vordergrund standen, gab es in der Geschichte immer wieder: Bei den Griechen vom 4. Jahrhundert v. Chr. bis ins 1. Jahrhundert n. Chr., bei den Römern vom 1. Jahrhundert v. Chr. bis zum 4. Jahrhundert n. Chr., im Mittelalter vom 9. bis zum 14. Jahrhundert. – Ein Kondratieff-Zyklus dauert zwischen 40 und 60 Jahren.

Der mit diesen vier Strömungen verbundene Wandel ist von globaler Bedeutung und er wird tief gehende und grundlegende mentale Veränderungen mit sich bringen. *Global* verwende ich hier im Sinne von sowohl „weltumspannend" wie auch ganzheitlich „umfassend". Denn wir haben es ja mit einem mehrdimensionalen Prozess zu tun. Dadurch ist dies nicht mehr ein Wandel im üblichen Sinne, sondern ein eigentlicher **Wandlungsprozess** – *eine substanzielle, das ganze Wesen umfassende Transformation* der Kultur. Aber wie sagte doch der Schweizer Dramatiker Max Frisch auch: „Krise kann ein produktiver Zustand sein, sofern man ihr den Geschmack der Katastrophe nimmt." – Und genauso ist es!

Vereinfacht gesagt sind es erstarrte Denkstrukturen, welche die Ursachen der Krisen bilden. Denkstrukturen, die der Weiterentwicklung im Wege stehen und durch ihre Starrheit zu negativen Folgen führen.

Der Begriff **Krise** stammt aus dem Griechischen und bedeutete ursprünglich „Meinung", „Beurteilung", „Entscheidung"; später wurde er dann im Sinne von „die Zuspitzung" verwendet. Er bezeichnet somit eine problematische Situation oder Zeit, „die den Höhe- und Wendepunkt einer gefährlichen Entwicklung darstellt" (Duden). Dass es sich gegebenenfalls tatsächlich um einen entscheidenden Wendepunkt handelt, kann zumeist allerdings erst konstatiert werden, nachdem die Krise stattfand oder auch abgewendet oder beendet wurde. („Katastrophe" bezeichnet eine definitive Wende zum Niedergang.)

Ade, du schöne Männlichkeit.
Das Ende der patristischen Epoche

Wenden wir uns nun in unserer Betrachtung zuerst der Zeitströmung mit der längsten Wellenlänge zu, der **Epoche des patristischen Zeitalters** und den Gründen für die Entstehung der Dominanz des männlichen Wertesystems.

Der Begriff „Patriarchat" ist ein sekundär gebildetes Abstraktum zu Patriarch (entstanden aus griech. *patér* „Vater"; *árchein* „herrschen, Führer sein"), was so viel bedeutet wie „Erster unter den Vätern" bzw. „Oberhaupt der Sippe". Patriarchat bezeichnet eine *Herrschaftsform*, die durch die Vorherrschaft von Männern gekennzeichnet ist.

Im wissenschaftlichen Sinne wird unter Patriarchat eine männlichzentrierte Gesellschaftsstruktur verstanden, in der die Gesellschaftsordnung um die Männer respektive das *männliche Wertesystem* herum organisiert ist. Für diese zweite Bedeutung sind auch die Begriffe vaterrechtlich oder **patristisch** gebräuchlich.

Der Gegenbegriff „Matriarchat" leitet sich ab von lateinisch *mater* („Mutter") und griechisch *arché* („Ursprung"). Die Wissenschaft versteht darunter eine weiblichzentrierte Gesellschaftsstruktur, in der die Gesellschaftsordnung um die Frauen respektive das *weibliche Wertesystem* herum organisiert ist. Für die zweite Bedeutung werden auch die Begriffe mutterrechtlich oder **matristisch** verwendet.

Eine weit verbreitete Sichtweise der kulturhistorischen Forschung ist heute, dass alle frühen menschlichen Gesellschaften matriarchalisch waren. Denn viele Forschungsresultate zeigen, dass im Zeitraum von 4500 bis ca. 1500 v. Chr. in fast allen Kulturen etwas geschah, dass die Welt grundlegend veränderte. In diesem Zeitraum begannen nämlich politisch bestimmte Religions- und patriarchalische Gesellschaftssysteme die naturbasierten, matriarchalischen Systeme abzulösen. Erst ab diesem Zeitraum findet man in den archäologischen Ausgrabungen auch Kriegswaffen. Und man findet Massengräber in kriegerisch zerstörten Siedlungen, militärische Befestigungsanlagen und männlichen Göttern oder Herrschern gewidmete Tempel- und Grabbauten.

Der Grund für das späte Auftauchen der männlichen Prinzipien in den alten Kulturen liegt darin, dass Leben über einen sehr langen Zeitraum hinweg als ausschließlich von der Mutter kommend gesehen wurde; wie dies oftmals auch noch in heutigen ursprünglich lebenden Gesellschaften der Fall ist. Erich Neumann schreibt in *Ursprungsgeschichte des Bewusst-*

seins zu diesem Punkt: „Bei vielen primitiven Völkern ist der Zusammenhang des Geschlechtsverkehrs mit der Geburt unbekannt. Immer aber muss und wird die Frage nach dem ‚Woher' beantwortet werden mit: ‚Schoß', denn dieses ist die Urerfahrung der Menschheit. ...Die Weiblichkeit steht an der Spitze, die männliche Gestaltung der Kraft tritt erst nach jener, in zweiter Linie hervor. Auf dem Gebiete des physischen Lebens steht also das männliche Prinzip an zweiter Stelle, es ist dem weiblichen untergeordnet... der männlichen Kraft erste Erscheinung auf Erden ist in Sohnesgestalt. ...Hierauf gründet sich die Unterordnung des männlichen Prinzips unter das der Mutter. Der Mann erscheint als Geschöpf nicht als Zeuger, als Wirkung, nicht als Ursache. Mit einem Worte, das Weib steht zuerst als Mutter, der Mann zuerst als Sohn da." (Die Leserinnen mögen hier den Ausdruck „Weib" nachsehen, aber es handelt sich eben um ein wörtliches Zitat.)

Alle bekannten frühen kulturellen Systeme und Philosophien der Menschheit basierten auf religiösen Archetypen, denen das weibliche Prinzip zugrunde liegt. Deshalb steht der Kult der **Großen Göttin** und **Großen Mutter** am Anfang und spielt auch heute noch in vielfältigen Formen eine ungemein starke Rolle. Joseph Campbell, der bekannteste Mythenforscher des 20. Jahrhunderts, schreibt hierzu: „Die Auffassung der Erde als gebärende und nährende Mutter hat in den Mythologien sowohl von Jägergesellschaften als auch von Pflanzern stark im Vordergrund gestanden." Der zentrale Aspekt der umfassenden Bedeutung der Großen Muttergöttin ist derjenige der Fruchtbarkeit. Von der Erde kommt die Nahrung. Sie ist die Gebärende, Nährende, Sorgende. Hinzu kommt der Aspekt der Fruchtbarkeit im Sinne von Vermehrung und Geburt, das Wunder der Entstehung von Leben, das mit diesem Vorgang verbunden ist, generell. Zu Erde wird der Mensch aber auch nach dem Tod. Daraus lässt sich dann wohl der auch mit der Großen Göttin verbundene Todesaspekt ableiten.

Der historisch genaue Ursprung der Großen Göttin ist nicht bekannt. Aber seit dem Auftreten des Cro-Magnon-Menschen, der vor etwa 35000 bis 10000 Jahren lebte und über dessen religiöses Verhalten man praktisch nichts weiß, bis hin zu den letzten drei Jahrtausenden vor unserer Zeitrechnung stellten die kulturellen Gruppen im westlichen und nördlichen Europa sowie die Länder des östlichen Mittelmeerraumes ihre Gottheiten beinah ausschließlich in weiblicher Gestalt dar.

So um 7500 – 6500 v. Chr. zeigen in Çatal Hüyük – einer Großstadt der Jungsteinzeit im heutigen Anatolien, mit geschätzten 7 bis 10000 Bewohnern – die ältesten bekannten neolithischen Figurinen eine große Göttin.

Wie bereits an anderen Fundorten der gesamten Steinzeit fanden sich auch in Çatal Hüyük fast ausschließlich weibliche Statuetten. In etwa vierzig oder mehr mit Symbolen ausgeschmückten Kultstätten mit Wandreliefs und Wandmalereien zeigt Çatal Hüyük in ebenso großartiger wie großzügiger Weise schon praktisch sämtliche Grundmotive, wie sie in den Mythologien der Großen Göttin auch in späteren Zeitaltern und bei anderen Völkern erscheinen.

Der Niedergang der allumfassenden Muttergöttin setzte dann ab Mitte des 5. Jahrtausend v. Chr. ein. Das männliche Prinzip begann sich abzuzeichnen: Nicht mehr lange und es sollte sich in den Kulten, dann den Mythen und schließlich in den Religionen widerspiegeln. Die große Muttergöttin musste aber bis zum Aufkommen des Judentums in keiner Religion ihre Macht ganz abgeben, sondern sie „lediglich" mit einer männlichen Gottheit teilen. Wie auch immer die kulturhistorische Entwicklung genau verlief, eines ist deutlich zu erkennen: Gott als einzigen und männlichen Potentaten hat es nicht von jeher gegeben! Der Mann war vielmehr im Kollektiv des Imaginären ursprünglich weit unterrepräsentiert, ja, kaum vorhanden. Der Kult um die Erdmutter war so stark verwurzelt, dass er unter dem Aspekt der Weltgeschichte sogar bis vor Kurzem angedauert hat. Gerald Messadié sagt: Das Thema der Remanenz der Erdmutter quer durch die Epochen der Geschichte könne man ausdehnen bis an den Hof Ludwigs XIV. Als Gemahlin des Königs von Gottes Gnaden war die Königin von Frankreich nämlich dazu verpflichtet, öffentlich niederzukommen. Wer immer sich vor den Toren von Versailles einen Hut und einen Degen lieh, konnte bei der Entbindung der Königin dabei sein. Denn sie war eine entfernte Verwandte der Muttergöttin, und sie verkörperte den Wohlstand Frankreichs!

Notgedrungen kann hier nur flüchtig auf manches Interessante und auch Relevante hingewiesen werden. Denn selbst ein dicker Wälzer würde nicht ausreichen um zu zeigen, welche Vorrangstellung die Große Göttin über Tausende von Jahren hatte. Denn offensichtlich verlief die kulturgeschichtliche Entwicklung genau andersherum, als sie beispielsweise in der christlichen Bibel symbolisch dargestellt wird. Nicht die Frau, Eva, wurde als Zweite aus dem ersten Wesen, dem Manne Adam, geschaffen; die Frau war vielmehr zuerst – zumindest physisch. Was in der Bibel steht, ist somit eine Verkehrung, vorgenommen in einem patriarchalischen Zeitalter. Diese Verkehrung war notwendig, um das Defizit des Mannes in seiner Stellung zur Frau zu kompensieren. Denn der Mann „wusste" – und „weiß" es auch heute noch – in seinem Unbewussten um die Tatsache, dass die Frau „zuerst ist". Denn jeder wird von einer

Mutter geboren, jeder trifft zuerst auf das Weibliche als Form des Lebendigen.

Weshalb verlor die Große Göttin schließlich ihren dominierenden Status? Warum wechselte die Gottheit das Geschlecht? Wie kam das über die letzten Jahrtausende herrschende Patriarchat respektive die Dominanz des männlichen Wertesystems zustande? – Wie bereits angesprochen, veränderte sich, historisch gesehen, auf der Oberfläche der Welt ab dem 5. Jahrtausend v. Chr. Grundsätzliches. Genauso, wie sich auch in der Bewusstseinsentwicklung des Menschen dramatische Änderungen ergaben. Dazu liefert vor allem die so genannte **Kurgan-Hypothese** der Prähistorikerin und Anthropologin Marija Gimbutas eine fundierte Theorie. Die Kurgan-Hypothese war die erste wissenschaftliche Theorie, die linguistische und archäologische Erkenntnisse als zusammenhängend sah. Dies übte großen Einfluss auf die kulturhistorische Forschung allgemein aus. („Kurgan" bezeichnet große, aus Erde oder Steinen aufgeschüttete, kegelförmige Grabhügel. Die von Marija Gimbutas definierte Kurgankultur entstand vom 5. bis 3. vorchristlichen Jahrtausend.)

Die Kurgan-Theorie sieht die Völker dieser Kultur als halbnomadische Reitervölker aus den Steppen Eurasiens, die sich über einen längeren Zeitraum in verschiedenen Wellen sowohl nach Süden ausbreiteten, in Richtung der heutigen Gebiete von Iran, Afghanistan und Pakistan, wie auch nach Westen, nach Europa. Die Ausbreitung dieser Völker oder Volksgruppen wird in drei Phasen unterteilt: Phase I ca. 4300 v. Chr. – Phase II um 3500 v. Chr. – Phase III unmittelbar nach 3000 v. Chr.

Als **Auslöser** der Wanderungswellen sieht die Theorie eine Reihe langer Dürreperioden. Wie Geologen erst unlängst nachwiesen, existierte tatsächlich ein lange Zeit unbekannter ostmediterraner Monsun, der von 7000 bis etwa 4500 v. Chr. großen Einfluss auf das Klima hatte. Dessen Ausbleiben zog die sukzessive Austrocknung riesiger Steppengebiete in der Region des heutigen Südrussland nach sich. Durch die Wüstenbildung und die daraus resultierenden Hungersnöte waren die Kurganleute zu Wanderungen in fruchtbare Gebiete gezwungen. Und aufgrund der Not und ihrer Auswirkungen auf Psyche und Physis bildete sich ein aggressives, auf Beute machen und Unterwerfung hin orientiertes Gesellschaftssystem mit entsprechenden Werten aus.

Allen Theorien, die nach Gimbutas in diesem Zusammenhang erstellt wurden, gemein ist, dass die sogenannten Kurgan-Völker, in ihrer Ausbreitung zum Iran und nach Afghanistan einerseits und nach Europa andererseits, meistens als waffentechnisch überlegene Eroberer zu sehen sind und dass ihre gesellschaftlichen und sozialen Strukturen patriarchalisch und hierarchisch geprägt waren; genauso wie ihr theologisches System. Damit scheint es auch sehr wahrscheinlich, dass diese Völker die Verursacher oder Träger einer der tief greifendsten ideologischen Veränderungen waren: der Jahrtausende langen Dominanz des männlichen Wertesystems und dem Siegeszug des Patriarchats.

In dieser Art sieht das auch der amerikanische Forscher James DeMeo in seiner These zur Entstehung und Ausbreitung des Patriarchats. DeMeo hat in jahrelangen wissenschaftlichen Studien weltweit Material zusammengetragen, das den Zusammenhang zwischen Umweltveränderungen, damit verbundenen Dürren, Hungersnöten und daraus resultierenden Veränderungen im menschlichen Verhalten aufzeigt.

Heutige Geologen gehen davon aus, dass sich die Tropen um 8500 v. Chr. um ca. 800 Kilometer nach Norden verschoben. Was wahrscheinlich die Folge einer geringfügigen Veränderung im Neigungswinkel der Erdachse war. Dadurch verwandelte sich die Sahara in eine fruchtbare Savannenlandschaft. Felszeichnungen, die der französische Archäologe Henri Lhote im letzten Jahrhundert inmitten der Sahara entdeckte, zeigen Männer und Frauen beim Hüten von Rindern auf üppigem Weideland. Es sind realistische Szenen eines friedlichen Lebens auf einer reichhaltigen natürlichen Grundlage und sie stützen die geografischen Annahmen der Saharasia-These von James DeMeo. Mit dem Begriff "Saharasia" bezeichnet DeMeo den Gürtel der heutigen Wüsten der nördlichen Erdhalbkugel aus der Zusammenfassung von Sahara, arabischer Halbwüste und der asiatischen Wüsten.

Auch andere archäologische und paläoklimatische Studien lassen den Schluss zu, dass der große Wüstengürtel des von DeMeo als Saharasia bezeichneten Gebietes von ca. 8000 bis 4500 v. Chr. eine teilweise bewaldete Grassavanne war mit Flüssen und sogar großen Seen. Im Gebiet der chinesischen Wüste wurden zum Beispiel Belege für einen einst verbreiteten Mutterkult gefunden. Ein Kult der Großen Mutter, somit ein Kult der Fruchtbarkeit, macht in einer lebensfeindlichen Welt wie einer Wüste aber keinen Sinn. Deshalb liegt nahe, dass auch hier die Wüste einst fruchtbares Land war.

Auch wenn der Ablauf der Entstehung und Ausbreitung des patristischen Wertesystems und der patriarchalen Herrschaftsform nur schwer genau festzulegen ist, so kann aufgrund archäologische Funde rund um das europäische Mittelmeer doch mit großer Sicherheit darauf geschlossen werden, dass der Vorgang tatsächlich vor 4000 v. Chr. einsetzte.

Denn die Völker der vorpatristischen Epoche waren gemäß diesen Funden und Auswertungen von friedlichem Charakter und lebten in matriarchal geprägten Gesellschaftssystemen. DeMeo kam in seinen Forschungen sogar zu dem Schluss, dass es *weltweit* keinerlei eindeutige Belege für die Existenz patristisch-patriarchaler Systeme vor dem 5. Jahrtausend v. Chr. gibt. Denn in den Grabfunden tauchen nämlich bis etwa 4300 v. Chr., abgesehen von Gerätschaften zur Jagd, keine Waffen und auch keine Hinweise auf Befestigungen auf.

Erst in jüngeren Ausgrabungsschichten findet man dann Kriegswaffen, Überreste zerstörter Siedlungen, Befestigungsanlagen, männlichen Herrschern gewidmete Tempel- und Grabbauten, Belege für die rituelle Ermordung von Frauen in Grabstätten von Männern, die rituelle Opferung von Kindern in Fundamenten von Gebäuden sowie Massengräber mit verstümmelten und achtlos durcheinander geworfenen Leichen. Ferner lässt sich anhand von Architektur, Grabbeigaben und -anlagen das Vorhandensein von Kastensystemen, von Sklaverei, ausgeprägten gesellschaftlichen Hierarchien und Polygamie feststellen.

Auch Stil und Inhalt von Kunstwerken veränderten sich in den späteren Epochen, zeigten nun schwerpunktmäßig berittene Krieger, Pferde, Kriegsszenen. Selbst in der Formensprache bildlicher Darstellungen gab es einen Wandel: Weiche, harmonisch fließende, gerundete Formen sind vor der anzunehmenden Klimakatastrophe bestimmend, beginnend mit der Katastrophe treten eckige, disharmonische, zersplitterte Formen in den Vordergrund. Darstellungen von Szenen des alltäglichen Lebens verschwinden. Statuetten und Abbildungen von Frauen werden abstrakt, unrealistisch oder gar grimmig und verlieren ihren vormals freundlichen, „hegenden" oder erotischen Charakter. Oder sie werden gänzlich durch Statuen männlicher Götter oder Gottkönige abgelöst.

Wichtiger Bestandteil von DeMeos Forschungen bezüglich der Verhaltensänderungen von Menschen, die unter Hunger leiden, bilden die Theorien von Wilhelm Reich, der Psychoanalytiker und Begründer der Körperpsychotherapie war. Abgeleitet davon sagt DeMeo, dass Hunger und Durst für das energetische System des Menschen voll durchschlagende Momente höchster Triebfrustration darstellen und auf die Emotionalität des Menschen einen sehr starken Einfluss ausüben. Hunger bewirke im Resultat exakt das, was Wilhelm Reich mit „emotionaler Panzerung" beschrieb.

Die durch Dürren und Wüstenbildung eingetretenen belastenden Umstände brachten so eine totale Umkehr des sozialen Verhaltens der betroffenen Menschen mit sich: vom matristischen „ungepanzerten" zum patristischen, gewaltvollen, repressiven, „gepanzerten" System mit dem Endpunkt: Herrschaft des Patriarchats. Die durch Hunger und Durst traumatisierten Völker haben die dadurch entstandenen aggressiven Kulturen auf ihren Wanderbewegungen verbreitet. Sie waren bei der Eroberung neuer Siedlungsgebiete absolut überlegen, weil sie auf Kulturen trafen, die auf diese Form der Aggression nicht vorbereitet waren.

Die Dominanz des männlichen Wertesystems über die letzten Jahrtausende führte vor allem zur Verherrlichung politisch-militärischer Macht und eines damit verbundenen Führerkultes. Es führte zu ausgeprägt hierarchischen Gesellschaftssystemen, und zur Vorherrschaft des Intellekts und der Abstraktion.

Es führte so:

– zum Zentralismus und Absolutismus,

– zum Willen, die Natur zu beherrschen,

– zum Rationalismus, und schließlich

– zur Technologie und deren Dominanz über die Lebensprozesse.

Und in Verbindung mit der materialistischen Sichtweise führte es schließlich auch zur rigorosen Vorherrschaft des ökonomischen Prinzips in allen Lebensbereichen.

Die patristische Epoche brachte wahrscheinlich die großartigsten Erfolge in der bisherigen *Zivilisations*geschichte der Menschheit hervor. Mit Bestimmtheit aber die ungeheuerlichsten *kulturellen* Katastrophen; in Form von Krieg, Unterdrückung, Ausbeutung – des Menschen wie auch der gesamten Natur auf diesem Planeten.

„Macht Euch die Erde untertan! – Auftrag erfüllt!" So lässt sich die mehr als 5000 Jahre anhaltende Dominanz männlicher Werte vielleicht am prägnantesten zusammenfassen. Nun aber gibt es für den Menschen nichts mehr zu erobern in dieser Welt. Es geht vielmehr darum, diese Eroberung, dieses Reich des Menschen mit Weisheit zu erhalten und zu fördern. Und dazu taugt das patristische Wertesystem nicht. Denn „Sophia", die Weisheit, ist weiblicher Natur und wurde bis in die Antike -

hinein auch so gesehen. Darum wird die zukünftige Kultur primär durch weibliche Werte geschaffen, nicht durch männliche.

Das bedeutet nicht, dass jetzt das Zeitalter der Herrschaft der Frauen beginnt – oder gar bereits begonnen hat. Aber nein, meine Damen, so ist das nun wirklich nicht zu verstehen! Denn wir sprechen hier *nicht* vom biologischen Geschlechtsmodell des Menschen. Wir sprechen von psychisch-geistigen Prinzipien. Und diese existieren in Frauen und Männern zugleich. Denn die Tiefenpsychologie erkannte ja, dass die jeweils gegengeschlechtlichen psychischen Anteile in jedem Menschen vorhanden sind.

Das Verständnis von der Psyche als männlich-weiblicher Einheit, ist auch im patristisch-patriarchalen Zeitalter nie ganz verschwunden.

So wird zum Beispiel der hinduistische Gott Shiva in seiner Verkörperung der Shiva/Shakti-Einheit doppelgeschlechtlich dargestellt.

Und sogar der mega-patriarchalische jüdische Vater-Gott hat an seiner Seite die *Schechina*, die weibliche und der Welt **immanente** Dimension Gottes.

Auf der Ebene der religiösen Symbolik geschah in der Mitte des letzten Jahrhunderts zudem ein Ereignis, das deutlich macht, wie sehr sich die Zeiten ändern oder sich schon geändert haben. Denn die „Himmelfahrt" der katholischen Gottesmutter Maria – die im patriarchalen Religionssystem ja den Platz der großen (Mutter-)Göttin einnimmt – ist zwar schon seit dem 6. Jahrhundert als Fest der Kirche Roms bezeugt, doch erst Papst Pius XII erhob im Jahre 1950 die leibliche „Aufnahme Marias" (Assumptio Mariae) in das Himmelreich zum verbindlichen Dogma. Im Zusammenhang mit dem Ende der entwicklungsgeschichtlichen Epoche des Patriarchats und des männlichen Wertesystems ist hierbei von besonderem Interesse, dass damit bei der göttlichen katholischen Führung quasi Geschlechterparität besteht. Denn der Heilige Geist ist bei etwas genauerer Betrachtung im Grunde ja kein anderer als der patriarchale christliche Nachfolger der jüdischen Schechina!

Mit der Aufnahme Marias in das katholische Pantheon, gleichrangig wie Gottvater, Christus und Heiliger Geist, ist dieser im Grunde keine Trinität mehr, sondern eine Quaternität. Metaphysisch herrscht damit geschlechtliche Ausgewogenheit. Damit wird symbolisch nichts anderes zum Ausdruck gebracht, als dass das weibliche und männliche Prinzip in der **Kollektivpsyche** nun gleichwertig sind.

In der heutigen Zeit, am Ende der patristischen Epoche, verschafft sich die psychische Einheit natürlicherweise auch wieder auf der profanen Wirklichkeitsebene in physischer Form zunehmend Ausdruck, wie beispielsweise am Erscheinungsbild vieler Jugendlicher und populärer Pop-Bands zu sehen ist. Auch in den Haar- und Kleidermoden der Jugendlichen allgemein manifestiert sich dieses Phänomen.

Etwas vereinfachend dargestellt, sagt die Analytische Psychologie, dass das männliche Prinzip sich gegenüber dem in der matristisch-matriarchalen Zeitepoche dominierenden weiblichen Prinzip durchsetzen musste, um gleichwertig zu werden. Denn in den frühen menschlichen Entwicklungsepochen stand ja die Weiblichkeit an der Spitze; und der Mann war ursprünglich in seiner Bedeutung aufgrund der offensichtlichen Lebenskraft der Frau, das heißt ihrer Kraft, neues Leben hervorzubringen, unterlegen. Erst das Erleben und Ausleben des männlichen Prinzips brachte Gleichwertigkeit in die Kollektivpsyche der Menschheit.

Ebenso wurde dadurch gleichzeitig der Ich-Anteil der Psyche gestärkt, denn dieser ist Teil des männlichen Prinzips, was wir noch sehen werden. Durch die Stärkung des Ich-Anteils konnte die „schöpferische" Komponente der Psyche an Kraft gewinnen und so eine Assimilierung bisher unbewusster Anteile durch das Bewusstsein erreicht werden – damit Erweiterung, Wachstum und Entwicklung.

Die historische und die bewusstseinsmäßige Entwicklung zeigen, dass die stärkere Herausbildung des Ich-Anteils der Psyche sowohl für das Individuum wie auch für das Kollektivbewusstsein der Menschheit wichtig war und ist. Und in beiden Fällen ist das, was dadurch sowohl als Organ wie auch Instrument entstanden war – nämlich Individualisierung und Selbständigkeit – enorm fruchtbar für die Gesamtentwicklung des Bewusstseins. Die Emanzipation des Ich und die daraus resultierende Bewusstseinsentwicklung führt, wie jede Emanzipation, zunächst zu einer Übertreibung der Eigenposition und des Eigenwertes. Es ist dies aber eine unumgängliche Phase in der psychisch-geistigen Entwicklung, die sowohl das Individuum wie die Menschheit nicht vermeiden kann. Das Verharren auf dieser Stufe ist allerdings tödlich.

Denn die Gefahr dieser Entwicklungsphase liegt darin, dass sie zur völligen Selbstüberschätzung führt, zum **Größenwahnsinn** eines sich unabhängig wähnenden Ich-Bewusstseins, das seine Abhängigkeit vom Ganzen (Familie, Gemeinschaft, Gesellschaft, Welt, Kosmos) entwertet und verdrängt und dieses Ganze schließlich sogar leugnet. Dadurch gefährdet es auf der individuellen Ebene sich selbst hochgradig und auf der kollektiven die gesamte Kultur.

Denn durch die Überbewertung des Egos, die daraus resultierende Trennung vom Ganzen und das Zurückgeworfensein auf das kleine Ich entwickelt der Mensch aus kompensatorischen Gründen die ungeheuerlichsten Ideen und Taten, um seine Kleinheit und Endlichkeit nicht mehr zu fühlen. Und unter diesen kompensatorischen Taten ist vieles nicht unbedingt mit dem Prädikat „konstruktiv" zu versehen.

Irgendjemand sagte mal: „Die Zukunft ist weiblich und grün". Ja, natürlich, weil „grüne" Werte und weibliche Werte weitgehend identisch sind. Denn das **weibliche Prinzip** – oder der weibliche Pol – steht für Energien und Werte wie:

– *Wir*- Orientierung

– Empathie, Anteilnahme, Fürsorge

– kooperativ, beziehungsorientiert, verbindungsfördernd, kommunikationsorientiert, anpassungsfähig, lösungsorientiert

Und das weibliche Prinzip steht für das Herz, das Organische, den verbindenden Eros.

Das ökologische Bewusstsein ist weiblicher Natur. Das Verständnis für die Natur, überhaupt alles, was mit „Mutter Natur" zu tun hat, ist weiblicher Natur. Das Männliche bekämpft die Natur, zumindest will es sie beherrschen – genauso wie der Sohn die Mutter während einer gewissen Zeit bekämpfen muss, um eine eigenständige Persönlichkeit zu werden.

Das **männliche Prinzip** – der männliche Pol – steht demgegenüber für Energien und Werte wie:

– *Ich*-Orientierung

– Logik, Systematik und die Energie als solche

– schöpferisch, expansiv, durchsetzungs- und machtorientiert, für die dominierende Kraft des Willens

Und es steht für den Kopf, den Intellekt, die Abstraktion, den trennend-analytischen Logos.

Die Dominanz des männlichen Prinzips hat ihren entwicklungsgeschichtlichen Zweck nun erfüllt. Das Wertesystem der unmittelbaren wie auch der mittelbaren Zukunft ist weiblich bestimmt. Schon Friedrich Schiller sagte: „Seit Aristoteles haben wir offenbar nichts dazugelernt. Wir wissen seit Aristoteles, was Demokratie ist. Wir wissen, wie das soziale Gefüge zu verstehen ist. Aber letztlich sind wir doch Barbaren geblieben. ... Es wird sich erst etwas ändern, wenn wir durch das Herz den Verstand ausdeuten." Und C. G. Jung sprach in der Mitte des letzten

Jahrhunderts von der Notwendigkeit des *bewussten* Abstiegs des westlichen Menschen vom Kopf in die Herzregion. Und er sagte, dass damit der „spezifische Weg unserer westlichen Kultur in die Zukunft des 21. Jahrhunderts" beginne.

Gemäß der Analytischen Psychologie verkörpert das männliche Prinzip das Bewusstsein, das weibliche das Unbewusste. Im Entwicklungsprozess des menschlichen Geistes muss das Männliche das Weibliche so lange bekämpfen, bis es das Unbewusste als solches erkannt hat und dessen Existenz ins Bewusstsein integriert; nicht die Inhalte des Unbewussten, sondern zuerst seine generelle Existenz. Den Inhalten kann man erst danach auf die Spur kommen, einigermaßen zumindest.

Und die Analytische Psychologie sagt weiter, dass durch die Dominanz des männlichen Prinzips das Streben nach dem Ideal der *Vollkommenheit* übermächtig werde. Dadurch entstehe ein abstrakter, männlich idealer Zustand, der aber zwangsläufig von Gegenläufigkeit begleitet sein muss. Denn über die Vollkommenheit hinaus führt kein Weg in die Zukunft – es sei denn eine Katastrophe des Ideals. Diese kann nur durch die Erstarkung des weiblichen Ideals der *Vollständigkeit* vermieden werden. Denn die „Vollkommenheit" ist ein männlicher Wunschtraum, ein abstraktes Ideal eben. Vollständigkeit hingegen ist dies nicht. „Ex perfecto nihil fit" (aus Vollkommenem wird nichts), sagen die alten Meister, während dagegen das „imperfectum" (das Unvollkommene) die Keime zukünftiger Verbesserung in sich trägt. Der männliche Perfektionismus endet immer in der Sackgasse, während die weibliche Vollständigkeit allein der selektiven Werte ermangelt", definierte Jung.

Darum braucht es zum gesunden Wachstum sowohl des Individuums wie auch der Gesellschaft beide Prinzipien, das männlich und das weibliche. Und sie müssen in Balance zueinander wirken können, denn sie sind komplementär notwendig zur ganzheitlichen, und damit gesunden Entwicklung.

Eine im Jahr 2006 in Deutschland durchgeführte soziologische Untersuchung kam zu dem Schluss, dass unabhängig vom Haupttrend der „Pragmatisierung" heute eine Aufwertung der Gefühle beobachtet werden könne. Diese erfolge sowohl bei weiblichen als auch bei männlichen Jugendlichen. Das bedeute, dass eine bisher mehr von Mädchen und jungen Frauen eingenommene Orientierung nunmehr allgemein im Trend liege, wobei die weibliche Besonderheit erhalten bleibe. Auch dieser zweite Trend wird von der gesamten Bevölkerung mitgetragen. Darin scheine sich ein allgemeiner mentaler Veränderungsprozess auszudrücken.

Das männliche Logos-Prinzip gewann erst im Zuge der Aufklärung, mit ihrer Betonung der Rationalität, die Übermacht. Und heute wird immer deutlicher, dass der analytisch differenzierende männliche Logos ohne den weiblich verbindenden Eros die Welt eindimensional definiert, sie vergewaltigt, seziert und spaltet bis zur Unkenntlichkeit. Dabei spiegelt er eine scheinbare Präzision vor, die sich mehr und mehr in Detailspiegelungen verliert und so an zunehmendem Relevanzverlust leidet.

Er führt so zum Verlust ganzheitlicher Empfindungsfähigkeit, mit dem Resultat eines der Schizophrenie ähnlichen Geisteszustandes; zum Verlust des sich aufgehoben Fühlens und des Vertrauens in die Welt und ihre natürlichen Gesetzmäßigkeiten. Er führt den Menschen durch seine Eindimensionalität letztendlich in den Abgrund der Sinnleere, da die Welt nur logisch-rational nicht zu verstehen ist.

Auch das noch.
Der Beginn des Wassermann-Zyklus

Wenden wir uns nun dem nächsten Langzeitzyklus zu, dem **Wassermann-Zyklus.**

Vielleicht ist dies in der Betrachtung zukunftsrelevanter Zeitströmungen ein etwas heikles Thema, denn es handelt sich ja um eine astrologische Definition. Und diese ruft bekanntlich unterschiedliche Reaktionen hervor.

Wir sollten aber bedenken, dass Astrologie im Ursprung Wissenschaft war; ja, aus ihr ging die Wissenschaft überhaupt hervor. Insbesondere war sie die Mutter der Mathematik und der Astronomie. Und viele bedeutende Geister haben sich damit auseinandergesetzt. So beispielsweise Pythagoras, Heraklit, Johannes Kepler, Leonardo da Vinci, Melanchthon, Paracelsus, Isaac Newton, Goethe, Jung.

Und seien wir ehrlich: Ich glaube, keinen von uns lässt die Astrologie vollkommen unberührt! Oder haben Sie tatsächlich noch nie ein Horoskop gelesen? Oder sogar eines erstellen lassen? Oder festgestellt, dass Sie Charaktereigenschaften eines typischen Fische- oder Widder- oder Wassermann-Menschen haben? Oder gedacht, dass Ihre inneren Spannungsgefühle davon herrühren könnten, weil Ihr Sternzeichen und Ihr Aszendent sich auf dem Tierkreis genau gegenüberliegen? – Ich, zum Beispiel, bin so ein armer Dude. Immer hin- und hergerissen zwischen Himmel und Erde, Gott und der Welt, denn mein Sternzeichen ist Fisch und mein Aszendent Jungfrau!

Ich betrachte es nun allerdings nicht als meine Aufgabe, Sie hier von der astrologischen Sichtweise zu überzeugen. Insbesondere auch deshalb nicht, weil damit heute tatsächlich viel Unsinniges verbunden wird. Ich stehe allerdings zu meiner Auffassung, dass in einer **mehrdimensionalen** Betrachtung – also einer vorurteilsfreien Betrachtung verschiedener Informationsebenen –, wie wir sie hier vornehmen, der Übergang zum Wassermann-Zeitalter mit einbezogen werden muss. Denn die Übergänge astrologisch definierter Zeitzyklen kamen bisher immer markant in den Kulturen der Menschheit zum Ausdruck. Und das bedeutet nichts anderes, als dass sie Stadien repräsentieren, die archetypisch, das heißt kollektiv unbewusst determinierend sind.

Jung sagt in diesem Zusammenhang, dass sowohl der Verlauf der Religionsgeschichte des Altertums als auch der Verlauf unserer abendländischen Religionsgeschichte, und damit ein wesentliches Stück psychischer und kultureller Entwicklung, an den Veränderungen der Symbolik der Weltzeitalter abgelesen werden kann. Und das hat Bedeutung. Unabhängig davon, ob wir nun gerne auf „Madame Etoile" hören. Oder eben gerade nicht. Zwei Beispiele hierzu:

Jesus wird sehr oft als „Lamm" bezeichnet und wohl ebenso oft zusammen mit einem Fisch-Symbol abgebildet. Jesus verkörpert eben den Übergang vom Widder- zum Fische-Zeitalter. Denn Jesus war, so wie er uns überliefert wird, in seiner Gesinnung kein Mensch des Widder-Zeitalters mehr, bestimmt von marshaft-kriegerisch betontem Führungsanspruch, mit Ich-betonter Natur. Er stellte vielmehr die Gottes- und Nächsten*liebe* ins Zentrum seines Lebens und seiner Lehre, er hob die Bedeutung der Glaubenskraft hervor – alles kennzeichnende Werte des Fische-Zeitalters. (Wenn's dann mit der Umsetzung von „Liebe deinen Nächsten wie dich selbst" nicht so ganz geklappt hat, so kann man das mit Sicherheit nicht Jesus in die Schuhe schieben. Wir arbeiten halt noch daran. Sie etwa nicht?)

Vielleicht kennen Sie auch die Statue des Michelangelo von Moses in Rom und erinnern sich, dass Moses dort mit Hörnern dargestellt ist, was ja ziemlich eigenartig wirkt.

Aber Michelangelo ist da nicht etwa ein Fehler beim Herausarbeiten der Haartracht des Moses unterlaufen. Nein, das sind vielmehr stilisierte Widder-Hörner und es existieren viele Abbildungen von Moses mit solchen Hörnern. Denn Moses war mit seinem marshaft-kriegerisch betonten Führungsanspruch, seinem politischen Führungswillen und seiner Lehre der Gottes*furcht* die typische, symbolische Verkörperung des Widder-Zeitalters. Moses war für die psychischen Charakteristika des Widder-Zeitalters von gleicher Bedeutung wie Jesus für diejenigen der Fische-Zeit. Und es spielt in diesem Zusammenhang auch keine Rolle, ob dieser Moses überhaupt je existierte oder ob er möglicherweise eine erfundene mythologische Figur des Judentums ist, wie ein Teil der heutigen Religionswissenschafter annimmt. Auch in der Figur des Jesus Christus der christlichen Religion kommen eine Menge mythologischer Inhalte aus unterschiedlichen antiken Religionen und Glaubensinhalten zusammen, die mit der historischen Persönlichkeit des Jesus von Nazareth herzlich wenig zu tun haben dürften. Aber das ist ein anderes Thema, das den Rahmen dieses Textes bei Weitem sprengen würde, insofern aber mit seinem Inhalt zu tun hat, als Religion und Mythologie eben immer sowohl Ausdrucksmittel wie gleichzeitig auch konstituierende Elemente des herrschenden Bewusstseins sind.

Alle zeitlichen Abläufe ereignen sich in „Zyklen", sowohl die biologischen wie auch die physikalischen und die geschichtlichen. Und unser Planet tritt nun also in einen neuen Zyklus ein, in einen neuen Weltmonat: das Wassermann-Zeitalter, the Age of Aquarius, wie es in den siebziger Jahren des letzten Jahrhunderts schon besungen wurde.

Woher kommt diese Einteilung überhaupt, diese Definition eines Weltmonats?

Die Erde vollführt drei wichtige, seit Langem bekannte Kreisbewegungen im Universum: 1. dreht sie sich innerhalb von 24 Stunden einmal um ihre eigene Achse. 2. bewegt sie sich innerhalb eines Jahres einmal um die Sonne. 3. dreht sich die Erdachse, ganz langsam kreisend, innerhalb von rund 26000 Jahren einmal um den Pol der Umlaufbahn der Sonne. Die Verschiebung beträgt hierbei ein Grad in 72 Jahren. Der volle Kreis-Umlauf der Achse beansprucht daher 72 x 360 = 25920 Jahre. Das ist das sogenannte Platonische Welt*jahr*. Wie man die Tagesdrehung der Erde zwölffach gliedert, so teilt man auch das große Platonische Jahr in zwölf große Weltmonate ein, von denen jeder 25920 : 12, also 2160 Jahre umfasst. (Das kommt ursprünglich alles von den alten Babyloniern her, und die hatten die 12er-Einteilung, wie wir heute die Dezimale haben.)

Wenn wir für den Durchgang des Frühlingsanfangspunktes durch einen Weltmonat 2160 Jahre rechnen, so dauert das Fische-Zeitalter von *150 v. Chr. bis 2010 n. Chr.* Die Übergänge der Weltjahre sind allerdings fließend und als lebendige, nicht einfach als rechnerische Einheiten zu sehen im Sinne von: Ab morgen wird alles anders!

Das Fische-Zeitalter war geprägt von der Vorherrschaft des religiösen Glaubens gegenüber der rationalen Erkenntnis. Das individuell Psychische wurde in diesem Zyklus vielleicht zum ersten Mal in der Menschheitsgeschichte als das alles umfangende Prinzip des Menschlichen – und als konsubstanziell mit dem Göttlichen verstanden – zum Leitstern eines Weltzeitalters.

Ebenso verbreitete sich weltweit das Bild eines sich des Menschen erbarmenden und zu ihm hinabsteigenden Erlösers in den verschiedensten Formen. Neben Jesus Christus ist ein typisches Beispiel hierfür die Verwandlung des auf Buddha selbst zurückgehenden Hīnayāna-Buddhismus in die Erlösungsreligion des Mahāyāna, mit der Figur des Bodhisattva. So entstand im Osten im 2. Jahrhundert eine noch über das Christentum hinausgehende Erlösungsreligion, die nicht nur den Menschen, sondern sämtliche Lebewesen überhaupt umfasst.

Die Endphase des Fische-Zyklus begann dann im 15. Jahrhundert, also zur Zeit der Renaissance. Die Jahre bis heute stellen bereits den Übergang vom Fische- zum Wassermann-Zeitalter dar. Denn wie gesagt: Die Übergänge der Weltmonate sind fließend.

In der Endzeit des Fische-Zeitalters verlor der diesen Zyklus prägende religiöse Glaube gegenüber dem Willen zur **Erkenntnis** zunehmend an Bedeutung. Die geistige Dynamik wendete sich nun von innen nach außen. Die Überbewertung der Innerlichkeit wurde abgelöst durch eine freudige Zuwendung zur Außen- und Sinneswelt. Der Zwiespalt zwischen Wissen und Glauben, zwischen Wissenschaft und Religion wurde dadurch zunehmend akut. Im Zuge der Aufklärung bildete sich eine immer stärkere Neigung zum abstrakt Prinzipiellen und zur Negierung des Natürlichen, Wachstümlichen heraus. Eine allgemeine Säkularisierung, eine Intellektualisierung des Mysteriums griff in der Folgezeit immer weiter um sich und führte schließlich zu einer gewaltigen Bewusstseinsexpansion in der Moderne. All dies sind typische Erscheinungen des bereits einwirkenden Prinzips des Wassermann-Zeitalters.

Was nun die Darlegung der Grundcharakteristika des Wassermann-Zeitalters betrifft, so stütze ich mich dabei in erster Linie auf das Gedankengut von Arthur Schult. Er schuf eine neue Disziplin der Geisteswissenschaft, die er *"Kosmosophie"* nannte. Darunter ist eine Verbindung von Astrologie mit Erkenntnissen der Philosophie und der Tiefenpsychologie zu verstehen. Die Astrologie wird dabei als Symbolwissenschaft gesehen, mit der Vorstellung vom Kosmos als eines ganzheitlichen und lebendigen Organismus. Und das Leben des Menschen ist ganzheitlich verbunden mit dem Leben dieses Großorganismus, es ist eingebettet in diesen – eine Vorstellung übrigens, die auch von heutigen Physikern zunehmend vertreten wird.

Schults Analysen und die daraus resultierenden Voraussagen sind das mit Abstand Konkreteste wie auch Klügste, was ich auf dem Gebiet der Geisteswissenschaften betreffend die Charakteristika des Wassermann-Zyklus angetroffen habe. Ich stütze mich aber auch deshalb darauf, weil sie sich in vielen Fällen mit Ergebnissen und Erkenntnissen aus anderen Disziplinen decken, die sich in keiner Weise mit dem Wassermann-Zyklus als solchem beschäftigen, wie zum Beispiel die Physik, die Soziologie oder die Sozialpsychologie.

Natürlich ist es möglich, dass Sie bei den nachfolgenden Darlegungen denken: „Das haut mich jetzt nicht wirklich vom Hocker", oder sie denken genau das Gegenteil, nämlich, dass hier jemand nicht mehr auf dem Hocker sitzt, sondern schon ziemlich abgehoben hat. Dann bedenken Sie aber bitte Folgendes: 1. Arthur Schult machte diese Ausführungen in den 30er-Jahren des letzten Jahrhunderts. 2. dass bei kosmischen Zeitaltern, wie erwähnt, nicht ein altes am Sonntag endet und das neue am Montag beginnt, die Übergänge vielmehr fließend sind. Und 3. dass ein solcher Zyklus 2160 Jahre dauert und wir gerade erst am Anfang eines solchen stehen, somit noch einiges passieren kann, das wir uns heute noch überhaupt nicht vorstellen können. Oder glauben Sie, die Menschen 150 v. Chr., zu Beginn des Fische-Zyklus, hätten sich auch nur im Geringsten vorstellen können, wie die Welt von heute aussieht? Und welche Möglichkeiten der Mensch heute hat? – Ich denke, unter diesem Blickwinkel gesehen, sind Schults Aussagen ebenso erstaunlich wie bemerkenswert.

Erstaunlich ist auch, dass der Wassermann ein Luft- und kein Wasserzeichen ist:

Luft steht in der Symbolik aber für „Geist". Was der Wassermann aus seinem Füllhorn auf die Erde herabgießt, ist deshalb kein physisches Wasser, sondern Wasser des Geistes. Schon im alten Sumer war der Wassermann das Himmelshaus des Weisheitsgottes. Und in der christlichen Esoterik wird dementsprechend der Wassermann der Hierarchie der Cherubim, den höchsten Weisheitsengeln, zugeordnet.

Arthur Schult sagt, dass das geistige Klima des Wassermann-Zyklus „der winterlichen Landschaft mit ihrer kräftigen Luft und ihren frostklaren Sternennächten innerlich verwandt sei". Denn der Wassermanngeborene suche einzudringen in das Reich des reinen Geistes.

Eine kristallklare Schau in das Wesen der Welt eröffne sich in diesem Zyklus und die hauptsächlichen bisherigen Bewusstseinsstufen des Menschen, die bildhaft-mythische wie die intellektuell-rationalistische, werden in der Gnosis des Wassermann-Zeitalters durch ein umfassendes Menschheitsbewusstsein abgelöst. Ebenso werde dieser Zyklus charakterisiert durch ein **Vorwalten der Intuition** gegenüber der Rationalität.

Im Wassermann-Zeitalter werde zudem die Vielschichtigkeit und *Mehrdimensionalität* des Menschen, des Lebens und des Kosmos allgemein immer mehr wissenschaftlich erkannt und erforscht werden. Eine ganz neue, geistig orientierte Wissenschaft werde so entstehen. Die dreidimensionale physische Welt erweise sich dabei als Spezialfall einer höher dimensionierten Wirklichkeit. – Hier haben wir eine hochinteressante Verbindung zu neuesten Theorien und Modellen der Physik, was die Struktur der Wirklichkeit betrifft. Wir kommen darauf zurück im Kapitel „Postmaterialismus".

Weiter sagt Schult, dass der Mensch im Wassermann-Zeitalter den Spannungen des an die Sexualität gebundenen Geschlechtes enthoben werde, da er die psychische Einheit der weiblich-männlichen Prinzipien immer klarer erkenne und die damit verbundene menschliche Ganzheit *bewusst* leben wolle. Die daraus resultierende Androgynität der Geschlechter werde sich dabei auf verschiedene Weise auswirken: positiv als Sublimierung des Geschlechtlichen, negativ als geschlechtliche Unterspannung. – Hier haben wir die direkte Verbindung des Wassermann-Zeitalters mit der *postpatristischen* Epoche. Wie im dortigen Textteil erwähnt, können die androgynen Elemente im heutigen Erscheinungsbild von zunehmend mehr Menschen in diesem Zusammenhang gesehen werden.

Die Analytische Psychologie sagt zum Aspekt der psychischen Androgynität: Die natürliche Anlage jedes Individuums sei psychisch doppelgeschlechtlich. Die differenzierende Entwicklung in unserer bisherigen Kultur zwinge das Individuum aber, den gegengeschlechtlichen Teil ins Unbewusste zu schieben. – Allem Anschein nach wird das in Zukunft etwas anders werden.

Schult weiter: Was die Ehe und die Familie und ihre Bedeutung angehe, so werde deren Rolle zunehmend von kleinen Gruppen und Bünden übernommen. Frühzeitig suche der Mensch die ihm veraltet erscheinende Familie zu verlassen, um im Gegensatz zur natürlichen Familie durch eigene Wahl, Mitglied einer geistigen Familie zu werden. So werde im Wassermann-Zeitalter nicht mehr die Geburts-, sondern die Wahlfamilie die Zelle der Großgemeinschaften bilden. Sie werde die zerfallenden natürlichen Bindungen durch geistige ersetzen. Ebenso werden Freundschaftsbündnisse zwischen den Geschlechtern an die Stelle von Ehegemeinschaften treten. Die Sympathie, die in Freiheit sich auswirkende Gleichgestimmtheit wird dabei zur verbindenden Kraft.

Auch eine neue Würdigung des Alters werde sich entwickeln, weil sich im alten Menschen die Kontinuität verkörpere und seine reichen Erfahrungen die Aufrechterhaltung des Zusammenhangs von Kultur, Sitte und Humanität gewährleiste. So werde das Alter im Gegensatz zum unaufhörlichen Wandel aller Formen und Gesinnungen zu einer geachteten Quelle der Weisheit. Neben den Wohngemeinschaften der Freundschaftsbünde dürfte es Alterssiedlungen geben, die Wallfahrtsstätten für Ratsuchende würden, wie einst die Starzen-Klöster in Russland: Stätten zugleich der Stille, Meditation und Einkehr.

Die materiellen Mittel, die Finanzen, die Art der Wirtschaft, ja, alle Formen des Besitzes und der materiellen Mittel werden im Wassermann-Zyklus fließend. Das Ideal sei die globale Gütergemeinschaft aller Menschen. Ausgebildet werde ein „Sozialevangelium", das aus der Synthese von Sozialismus und aufgeklärtem Kapitalismus in Kombination mit der politischen Form der Demokratie entstehe. Privateigentum werde dabei als unsittlich angesehen, als Verstoß gegen die Brüderlichkeit. So werde es zur Ausbildung einer „Sozialkirche" kommen und der Begriff des Ketzers sich von einem religiösen zu einem sozialen Begriff wandeln.

Um die Kunst werde es im Wassermann-Zeitalter schlecht bestellt sein. Während in den künstlerisch-schöpferischen Zeiten die Kunst als Passion gelebt wurde, werde sie im neuen Zyklus unpersönlich, oberflächlich, dekorativ werden. Sie diene nicht mehr der sinnlich wahrnehmbaren Gestaltung des Schönen, Wahren, Bedeutungsvollen, sondern der Unterhaltung, der Ausschmückung des kurzlebigen Heute. Indem sie zur Dienerin des Tagesbedürfnisses wird, bedingt das ein schnelles Produzieren und schnelles Veralten. Es werde somit mehr Kunstgewerbe geben als Kunst. Dichtung und Sprache werden fortschreitend formlos und immer formloser werden, wie wir das heute in der modernen Literatur schon miterleben.

In künstlerischer Beziehung scheint also der Weg der Menschheit im Wassermann-Zyklus in einem Flachland anzugelangen. Es ist vielleicht heute noch unvorstellbar, dass es eine lange Menschheitsperiode ohne hohe Kunst geben wird. Es entspringt jedoch nur einer Denkgewohnheit anzunehmen, dass alle Jahrtausende in gleicher Weise von hoher Kunst durchwirkt sein müssten, weil, wenn wir zurückblicken, wir immer diesen Eindruck haben. Nun sieht es aber so aus, als ob die Impulse und Formkräfte, die bisher der Kunst zugeflossen sind, anderen Lebensfeldern zuströmen. Denn wenn wir die Richtung anschauen, welche die Kunst seit Mitte des 20. Jahrhunderts genommen hat, dann sehen wir, dass die von Schult prognostizierte Verflachung schon seit Jahrzehnten eine Tatsache ist. Die Kunst richtet sich heute schon in hohem Maße nach rein kommerziellen Marktkriterien aus, ist primär auf den kurzfristigen Effekt aus, als darauf, „den Menschen mit der Wirklichkeit zu versöhnen", wie ein alter chinesischer Anspruch an Kunst lautet.

Was nun das Gebiet der menschlichen Gesundheit betrifft, so sagt Schult, der dauernde Gestaltwandel des Wassermann-Zyklus werde eine große, seelische und geistige Beweglichkeit fordern, die bei vielen Menschen zu einer großen psychischen Spannung führe. Der Mensch des Wassermann-Zeitalters sei vor allem durch die Überspannung des Bewusstseins und der Nervenkräfte in vielfacher Weise der Erschöpfung und Erkrankung ausgesetzt. Gesundheitliche Schäden psychosomatischer Natur entstünden weiter durch die unorganische, künstliche und ungeheure Betriebsamkeit, die in der Wassermann-Zeit hervorgerufen werde. Als Vorstufe zu deren Analyse und Behandlung sähen wir heute schon die Psychosomatik, Tiefenpsychologie, Psychoanalyse und Psychosynthese sowie die verschiedenen geistigen Heilmethoden.

Denn die Hauptkrankheiten im Wassermann-Zeitalter beruhten auf Störungen des vegetativen Nervensystems und auf solchen des ätherischen, nicht primär des physischen Körpers. Das habe einen anwachsenden Mediumismus zur Folge, ebenso eine starke Vermehrung des Phänomens der Geistesgestörtheit. Als Gegenmittel gegen solche Erscheinungen werde eine Meditationsmethode entwickelt werden, die als therapeutische Meditation speziell auf die Heilung des Menschen ausgerichtet sei. Außerdem würden öffentliche Meditationsräume entstehen, ähnlich den Tempeln, Moscheen, Kirchen und Kapellen der heutigen, traditionellen Religionen. Dies werde geschehen, weil in der nervlich überbeanspruchten Wassermann-Zeit die Meditation zu einem täglichen Mittel der Erhaltung seelischer und leiblicher Gesundheit werden wird.

In Zukunft würden auch eigentliche „Heilhäuser" gegründet, in denen in umfassender Weise physische, psychische und geistige Heilmethoden angeboten und ausgebildet werden. Ihre Leiter werden „Priesterärzte" sein, die aber weder Priester noch Ärzte noch Psychotherapeuten im heutigen Sinne sind, sondern Menschen, die durch ihre intuitiven diagnostischen Fähigkeiten und durch ihre Rückverbundenheit nach unten wie nach oben den Menschen wieder zu seiner organischen Lebenswurzel zurückführen und heilen können.

Bezüglich Spiritualität und Religion sagt Schult: Der Geistes- oder Gottesfunke im Menschen entfache im Wassermann-Zeitalter die Idee der universalen Humanität. Ganz im Sinne der Aussage Goethes: „Erst die Menschheit ist der ganze Mensch." Betrachtet man die Globalisierung unter diesem Blickwinkel, so hat sie noch eine wesentlich andere Dimension, als wir heute bereit sind anzunehmen – nämlich eine entwicklungsgeschichtliche des menschlichen Bewusstseins. Eine Summierung aller bisherigen Traditionen zu einer „integralen Tradition" werde stattfinden. Man werde sich in Zukunft nicht begnügen mit einer Toleranz, die den Andersgläubigen nur duldet, sondern werde in einer weiter ausgreifenden Akzeptanz sich bemühen um ein Verstehen des Wesentlichen in allen Religionen. Und eine auf Erkenntnis der Zusammenhänge ausgerichtete Haltung werde an die Stelle einer dogmatisch urteilenden treten. Diese neue Haltung werde die geisteswissenschaftlichen, künstlerischen und religiösen Überlieferungen vereinigen und als gemeinsames geistiges Erbe der Menschheit sehen. Religion werde in Zukunft als lebendige spirituelle Erfahrung verstanden werden und nicht als die Lehre von Vorstellungsbildern des Göttlichen.

Wenn statt der Bekenntnisse, an welche die heutigen Konfessionen sich klammern, der Erlebnisweg nach Innen in den Mittelpunkt rücke, dann werden die Menschen sich verbunden fühlen durch das daraus erfolgende Erleben des spirituellen Ganzen. Auf solche Weise werde auch der Gegensatz von sakral und profan überwunden, das gesamte Leben und nicht nur gewisse Bereiche oder Zeiten als vom Heiligen durchwirkt erfahren. Das alltägliche Leben selber werde so zu einer spirituellen Erfahrung und das physikalische Universum transparent für die imaginäre Wirklichkeit eines **mehrdimensionalen Kosmos**.

Panta rhei![3]
Der Übergang ins postmaterialistische Zeitalter

Damit nun zur 3. Zeitströmung, dem **Postmaterialismus**. Über eine lange Zeit hinweg herrschten hinsichtlich der Auffassung der Wirklichkeit zwei extreme Ansichten: einerseits der **Materialismus,** andererseits der **Idealismus**. Und man könnte vereinfachend sagen, diese Extreme trennten auch die westliche von der östlichen Sichtweise. Denn so wie der Westen die Welt vergegenständlichte und nach dem absoluten Objekt suchte, so entgegenständlichte der Osten die Welt und suchte man dem reinen Subjekt, das Individuum und Kosmos in sich vereint.

Die Vertreter des Materialismus sagten: Die materiellen Dinge sind die einzige Wirklichkeit. Es gibt außer dem nichts. Und sie sagten dementsprechend natürlich auch: Die Welt eines transzendenten Sinn- und Ordnungsprinzips existiert nicht. Diese ist nur Einbildung, Phantasterei von Menschen, die nicht klug genug sind, den Materialismus zu erkennen. Der Materialismus geht darum auch davon aus, dass Gedanken und Ideen Erscheinungsformen der Materie sind bzw. auf solche zurückgeführt werden können.

Der Idealismus vertrat dementsprechend die Gegenposition: Die materiellen Dinge haben keine wirkliche Bedeutung. Sie existieren nur in meiner Vorstellung. Die materielle Welt gibt es gar nicht in einem wirklichen Sinne.

Insbesondere die westliche Philosophie nimmt seit Kant eine Position zwischen diesen Extremen ein. Diese lautet kurz gesagt: Die Welt außerhalb unseres Geistes existiert. Aber die Welt wird erst durch unsere Wahrnehmung zu einem Bereich der Tatsachen – und zwar *unserer* Tatsachen. Wir können aus diesem Grund prinzipiell kein objektives Wissen über die Welt erfahren. Unsere Sichtweise der Welt ist vielmehr immer ein Modell, eine Vorstellung oder eine Hypothese.

Immanuel Kant, der im 18. Jahrhundert lebte, erkannte auch, dass die Kategorien der Vernunft nur als die *Erfahrungserkenntnis lenkende* Begriffe sinnvoll sind. Er teilte die Vernunft darum ein in theoretische Vernunft, praktische Vernunft und Urteilskraft. In seiner Philosophie wird der „reinen Vernunft" – die wir mit dem Begriff der Logik gleichsetzen können – somit nur ein *ordnender* Charakter beim Zugang zur Wirklichkeit zuerkannt. Erkennbar wird die Welt aber ausschließlich als unsere

---

[3] griech.: Alles fließt.

Vorstellung. Welcher Art Ordnung sie tatsächlich entspricht, bleibt ihr Geheimnis. Letztlich sind wir es, die die Welt konstruieren, und wir konstruieren sie so, wie wir sie erkennen können. Und wir können sie halt nur so konstruieren, wie dies die „Bauweise" unseres Wahrnehmungsapparates zulässt. Die Welt wahrzunehmen und sie zu konstruieren ist demnach auch nach Kants auf philosophischem Weg erreichter Erkenntnis ein und derselbe Vorgang. So gesehen ist unser Verstand ein definitiv kreatives Instrument.

Diese Tatsache wurde aber schon viel früher erkannt. Denn der griechische Philosoph Ainesidemos von Knossos lehrte im 1. Jahrhundert vor Christus, dass das Denken maßgebend bestimmt wird vom Umfeld, von den Sitten, der Religion, den Gesetzen; – niemand vermöge objektiv zu denken. In der heutigen Wissenschaft vermeidet man aus diesem Grund den Begriff „objektiv", spricht stattdessen von „intersubjektiv", wenn etwas allgemein anerkannt wird.

In der indischen Mythologie wird Brahman – Gott – zur Welt, wodurch diese wiederum zu Brahman wird. Dieses Spiel Gottes mit sich selbst als der Welt heißt „Lila". Brahman verwandelt sich dabei immerwährend neu in die Welt. Die Kraft, die ihm dies ermöglicht, wird „Maja" genannt. Maja bedeutet hier, die Welt durch Magie hervorzubringen. Der Physiker und Philosoph Fritjof Capra erklärt, dass Maja aber nicht meine, dass die Welt eine Illusion sei, wie fälschlicherweise oft behauptet wird. Die Illusion liegt lediglich in unserer Betrachtungsweise, wenn wir denken, dass Formen und Strukturen, Dinge und Vorgänge um uns herum Gegebenheiten der Natur sind, anstatt zu erkennen, dass sie Begriffe unseres messenden und kategorisierenden, unseres logisch ordnenden Verstandes sind. Maja bezeichnet somit die Illusion, unsere Begriffe für das Wirkliche zu halten. In einer Analogie: die Verwechslung der Landkarte mit dem tatsächlichen Land.

Anton Zeilinger, ein österreichischer Quantenphysiker, stellt fest, dass es auch aufgrund der Erkenntnisse der modernen Physik ganz offenkundig sinnlos sei nach der tatsächlichen Natur der Dinge zu fragen, da eine solche Natur immer jenseits jeder Erfahrung sei: „Man könnte meinen, dass man durch Fragen an die Welt näher an ihre Natur herankommen kann, jedoch ist dies immer mit dem Problem verbunden, dass der Sprung von dem, was gesagt werden kann, zu dem, was wir uns als Wirklichkeit vorstellen, immer etwas Willkürliches an sich hat, immer Annahmen von Eigenschaften, Größen, Systemen, Gegenständen etc. erfordert, die nicht direkt der Erfahrung zugänglich sind. Wenn wir uns also der Frage des Grundprinzips zuwenden, so müssen wir offenbar dem Wissen um das Beobachtungsergebnis, also der Information, eine sehr zentrale Rolle zubilligen. Heißt dies deshalb, dass alles nur Information ist? Heisst dies gar, dass es vielleicht keine Wirklichkeit gibt? So einfach können wir es uns nun auch wieder nicht machen. Denn nur weil Wirklichkeit nicht direkt zugänglich ist, heißt das noch lange nicht, dass sie nicht existiert."

Es ist letztlich also unser eigener Geist, der jenes Bild „ersinnt", das uns eine Vorstellung von der Welt gibt, und diese nennen wir dann die Wirklichkeit. C. G. Jung formulierte diese Tatsache aus seinem Blickwinkel rigoros mal so: „Es ist ein fast lächerliches Vorurteil, wenn man annimmt, Existenz könne nur körperlich sein. Tatsächlich ist die einzige Form von Existenz, von der wir unmittelbar wissen, psychisch. Wir könnten im Gegenteil ebenso gut sagen, dass die physische Existenz eine bloße Schlussfolgerung sei, da wir von der Materie nur insoweit etwas wissen, als wir psychische Bilder wahrnehmen, welche uns durch die Sinne übermittelt werden. Die Psyche ist existent, sie ist sogar die Existenz selbst." Die moderne Physik, die Biologie und die Neurologie haben diese Position im Laufe des letzten Jahrhunderts experimentell immer wieder bestätigt. Und darum kann der Biologe Umberto Maturana radikal formulieren: „Es gibt kein draußen, da draußen".

Kürzlich unternahm ein Team von amerikanischen Psychologen Experimente, in denen Menschen gebeten wurden, sich ein horizontales oder vertikales Streifenmuster vorzustellen. Anschließend wurden ihnen solche Muster gezeigt. Allerdings ihrem rechten Auge ein anderes, mit gegenteiliger Ausrichtung, als ihrem linken. Die einzelnen Menschen berichteten nun, jeweils das Muster gesehen zu haben, das sie sich zuvor vorgestellt hatten. Das andere Muster, das nicht ihrer Vorstellung entsprach, *sahen sie gar nicht.*

Was sagt uns das? – Dass die Vorstellung, die man sich von der Wirklichkeit macht, ausschlaggebend ist für die Art von Information, die man von dieser erhält. Und darum verstehen wir Albert Einstein jetzt vielleicht besser, wenn er formulierte: „Fantasie ist wichtiger als Wissen, denn Wissen ist immer begrenzt." Denn wenn Vorstellungen entscheidend sind für die Antworten, die man bekommen kann, dann müssen wir, um neue Antworten zu erhalten, auch immer neue Vorstellungen entwickeln. Was bedeutet, dass Fantasie – oder auch Intuition und Inspiration – eben von größter Bedeutung ist. Denn ohne sie können wir keine weitergehenden Vorstellungen hervorbringen, damit auch keine weiterführenden Antworten erhalten.

Die partielle Übereinstimmung unserer individuellen Wirklichkeit mit der Wirklichkeit von anderen, basiert einerseits auf der Art von Information, die unser arttypischer Wahrnehmungsapparat überhaupt verarbeiten kann; und andererseits auf gemeinsamen Denkstrukturen und Denkinhalten, mit den daraus abgeleiteten Vorstellungsbildern, Interpretationen, Deutungen. Der Physiker Fred A. Wolf drückt das so aus: „Häufig ist es ein Freund, der uns sagt, unser Wissen sei in Ordnung, wir hätten die richtige Information. Hier möchten wir ein bisschen genauer darüber nachdenken, wie Übereinstimmung die Wirklichkeit ‚erschafft'. Vielleicht sollte ich sagen: ‚gegenseitig zugesicherte Wirklichkeit'?"

Man kann guten Gewissens auch sagen: Unser Bild und Verständnis dessen, was wir als Wirklichkeit bezeichnen, unsere gegenseitig zugesicherte Wirklichkeit, kommt in erster Linie zustande durch die „Geschichten", die wir uns darüber erzählen, sowie die subjektive oder kollektive Einschätzung der Glaubwürdigkeit dieser Geschichten und derjenigen, die sie erzählen.

Unsere Wirklichkeit ist somit *immer* eine geistige Angelegenheit. Völlig unabhängig davon, ob wir an die Existenz eines „höheren" Geistes oder Bewusstseins glauben oder nicht. Und der Materialismus ist offensichtlich eine Irrmeinung.

Was nun die **physikalische Materie** angeht, so sagt der deutsche Quantenphysiker Hans-Peter Dürr: „Die moderne Physik begann mit einer überraschenden Entdeckung: Materie ist nicht aus Materie aufgebaut. Wenn wir sie immer weiter teilen, bleibt am Ende nichts übrig, was an sie erinnert. Zuerst gelangten wir zum Atom, das lange Zeit als kleinstes Teilchen, als reine Materie galt. Als man aber ins Atom hineinguckte, sah man wieder ‚Struktur', also ging man nochmals ein Niveau tiefer und stellte fest, dass Elektronen und Atomkerne keine Materie sind. Am Schluss ist keine Materie mehr da, sondern nur noch etwas, das wir als immaterielle ‚Beziehung' bezeichnen können."

Die moderne Physik zeigt zudem, dass die Prämisse der Rationalität sowie die strikte Trennung in ein Außen und Innen, ein Subjekt und Objekt, welche als die großen geistigen Errungenschaften der Aufklärung gelten, aufgrund heutiger Erkenntnisse nicht aufrechtzuerhalten sind. Und sie weist deutlich darauf hin, dass wir ohne den vorbehaltlosen Einbezug von Vorstellungen und Deutungsmustern wie Transzendenz sowie der Akzeptanz des Primats des Informations- oder Geistprinzips in Zukunft in unseren Bemühungen nicht weiterkommen werden, ein vollständigeres Bild der Wirklichkeit zu erhalten.

„Damit die Quantentheorie wirklich funktioniert", erklärt der Physiker George Leonard, „muss jedes Elektron, umgangssprachlich formuliert, ‚wissen', was es tun soll. Es ist, als ob sich an jedem Punkt jedes elektromagnetischen Feldes ein winziger Supercomputer befände, der ständig alles berechnet, was im Universum vor sich geht.... In einem solchen Universum stehen die Informationen über das Ganze an jedem Punkt zur Verfügung." Das Immaterielle und Transzendente – kurz: das Geistige – erfüllt für die heutige Physik keine Lückenbüßerfunktion mehr für wissensmäßig noch nicht Entdecktes, wie dies in früheren Zeiten der Fall war. Vielmehr wird mehr und mehr klar, was der Astronom und Physiker James Jeans schon im frühen 20. Jahrhundert formulierte: Dass das Geistige nicht mehr als zufälliger Eindringling im Reich der Materie erscheine, sondern dass wir es stattdessen als Schöpfer und Lenker dieses Reiches sehen müssen, als Grundlage der schöpferischen Vorgänge im Universum. – Und in unserer mehrdimensionalen Betrachtungsweise können wir hier wiederum feststellen, wie das Wirkprinzip des Wassermann-Zyklus – das Primat des Immateriellen, Geistigen – schon sehr deutlich erkennbar wird.

Die moderne Physik versteht die Wirklichkeit ausschließlich als *ganzheitliche* Wirklichkeit, in der Geist und Materie, Subjekt und Objekt, außen und innen nicht scharf getrennt werden können.

Und sie sagt gleichzeitig, dass die Welt, das Universum keine riesenhafte Ansammlung einzelner Dinge ist, die nur gegenseitig aufeinander einwirken, etwa durch Anziehung oder Abstoßung, sondern, dass der Kosmos an seinem Grunde eine Einheit darstellt. Wir erhalten von der Welt aber lediglich eine bestimmte Art von Information: die, auf deren Wellenlänge unsere „Empfänger-Antennen" eingestellt sind. Alle anderen Informationen, wie bedeutungsvoll sie für unser Verständnis der Welt theoretisch auch immer sein könnten, erreichen uns nicht. Die Begrenzung liegt dabei nicht beim Ganzen, denn prinzipiell wird uns nichts vorenthalten: Die Begrenzung entsteht durch uns. Durch unsere Art zu denken und unsere Art der Wahrnehmung, durch die wir immer nur Teile der gesamten Wirklichkeit betonen. Wir sind es also, die teilen und fragmentieren, die Wirklichkeit selbst ist eine *komplexe* Einheit.

Aus diesem Grund wird die physikalische Materie von der heutigen Physik als eine Art *Illusion* gesehen, hervorgerufen durch unsere Art der Wahrnehmung. (Sie erinnern sich an die Maja, und was Fritjof Capra dazu sagte?) Denn die ursprüngliche Vorstellung von den Atomen als einer Art einzelner Billardkugeln ist heute vollständig abgelöst worden durch die Vorstellung reiner **Aktivitätsstrukturen**.

In seiner Allgemeinen Relativitätstheorie vertrat Albert Einstein die These, dass der Raum keineswegs nur der leere Rahmen ist, innerhalb dessen sich die physikalischen Phänomene abspielen. Einstein definierte vielmehr, der Raum selbst sei die „Substanz", aus der die physikalischen Phänomene bestehen. Der Raum – respektive die Raum-Zeit, um es für unsere Vorstellungskraft nicht allzu einfach zu machen – kann sich zu Formen „krümmen". Und diese Formen sind es, die wir als die äußere Erscheinung physikalischer Phänomene kennen, wie zum Beispiel die Atome. Alle physikalischen und materiellen Erscheinungen entstehen somit ausschließlich aus unterschiedlichen Formen des Raumes.

In analoger Weise entpuppen sich auch elektromagnetische Wellen, die Schwerkraft und ganz allgemein sämtliche bekannte physikalische Phänomene als gekrümmte und bewegte Stellen oder Regionen des Raumes. Die so genannten „Elementarteilchen" – welche die Basis der Materie darstellen – haben dabei überhaupt keine Ausdehnung und somit auch rein gar nichts zu tun mit unserer allgemeinen Vorstellung, die wir mit dem Wort „Teilchen" verbinden. Man muss sich darunter vielmehr immaterielle Wirkungen vorstellen. Alle Experimente, die seit 1905 durchgeführt wurden, um die Allgemeine Relativitätstheorie zu überprüfen, haben diese Interpretation Einsteins bestätigt!

„Ein Atom ist in der Tat vollkommen leer", sagt der CERN-Physiker Rolf Landua. Wir können nur deshalb nicht durch Wände hindurchgehen, weil zwei Elektronen (Wirkkräfte des Atoms) sich partout nicht in die Quere kommen wollen und sich darum gegenseitig abstoßen. Dadurch verschmelzen Atome nicht miteinander, wenn sie zusammentreffen, sondern verbinden sich nur. Man könnte sagen: Sie gehen eine Beziehung ein. Und das ist der Grund für die relative Stabilität der Materie.

Am Fundament der Welt ist somit etwas, das wir als **immaterielle „Beziehungen"** bezeichnen können. Und durch diese Beziehungen ist in der Wirklichkeit letztlich alles miteinander verbunden.

Erich Jantsch sagte dementsprechend folgerichtig über den heute noch im allgemeinen Vorstellungsbild vorherrschenden Materialismus: „Die aus einer reduktionistischen, westlichen Wissenschaft geborene Idee des Materialismus hat in der Geschichte des 19. und 20. Jahrhunderts mächtige Auswirkungen in der Neuerschaffung der Welt durch den selbstreflexiven Geist gezeigt. Aber sie wird in unseren Tagen von eben dieser Wissenschaft – sogar von ihrem ‚härtesten' Teil, nämlich der Physik – ad absurdum geführt. ‚Die Verwendung des Ausdrucks *wissenschaftlicher Materialismus* sollte heutzutage höchstens noch in Bezug auf eine Gruppe von Methoden oder auf eine Geisteshaltung zulässig sein', schreibt Bernard d'Espagnat, der Philosoph der Quantenmechanik. ‚In Bezug auf eine allgemeine Vorstellung von der Welt ist er zu einer *sinnlosen* Wortverbindung geworden.'"

Damit hat die moderne Physik den Materialismus, den einst die Physik der Renaissance im 16. Jahrhundert begründete, widerlegt. Und auf diese Weis hat sie ein neues wissenschaftliches Paradigma geschaffen, eine neue Verständnisweise, wie die Welt funktioniert.

Wenn Sie nun vielleicht sagen: „Schön und gut, aber was spielt das für eine Rolle auf der praktischen Ebene meines Lebens?", so lautet die Antwort: **Dies ist die Grundlage einer neuen Epoche, des postmaterialistischen Zeitalters.**

Nach Jantsch wird das neue postmaterialistische Paradigma einen globalen und umwälzenden Wandel mit sich bringen. Und zwar darum, weil es kein lokales, nur auf die Wissenschaft beschränktes Ereignis sei, sondern Teil einer großen Bewegung grundlegender Veränderungen: eines neuen Denksystems. Dieses werde bestimmt durch die Erkenntnis einer *systemhaften Verbundenheit* aller natürlichen Dynamik über Raum und Zeit hinweg, durch das Primat von Prozessen über Strukturen, durch die Erkenntnis der Kreativität der Evolution sowie durch die Rolle von Fluktuationen, die das Gesetz der Masse aufheben.

Und Jantsch sagt auch, dass sich die Grenzen unserer Welt durch die Erkenntnismöglichkeiten des postmaterialistischen Zeitalters enorm ausdehnen werden. Wir könnten möglicherweise erkennen, dass sie nur durch unsere Fantasie und unsere Bereitschaft dem Fantastischen zu begegnen begrenzt werden sowie durch die **moralisch-ethischen Qualitäten unseres Bewusstseins.** – Und damit sind wir wieder bei der Bedeutung unserer *Werte*.

Es gibt ein Leben nach der Krise.
Am Anfang eines neuen Kondratieff-Zyklus

Betrachten wir nun noch den Zyklus mit der kürzesten Wellenlänge: den **neuen Kondratieff-Zyklus.** Nikolai Dmitrijewitsch Kondratieff wurde 1892 in Russland geboren und starb dort 1938. Er war Ökonom und entwickelte auf der Basis empirischer Daten aus Deutschland, Frankreich, England und den USA die Theorie, dass kurze Konjunkturzyklen von langen Konjunkturwellen überlagert werden. Die Dauer einer solchen Welle umfasst 40 bis 60 Jahre, wobei die Aufstiegsphase etwas länger, die Abstiegsphase etwas kürzer ist. Der österreichisch-amerikanische Ökonom Joseph Schumpeter bezeichnete diese langen Wellen dann später als *Kondratieff-Zyklen*.

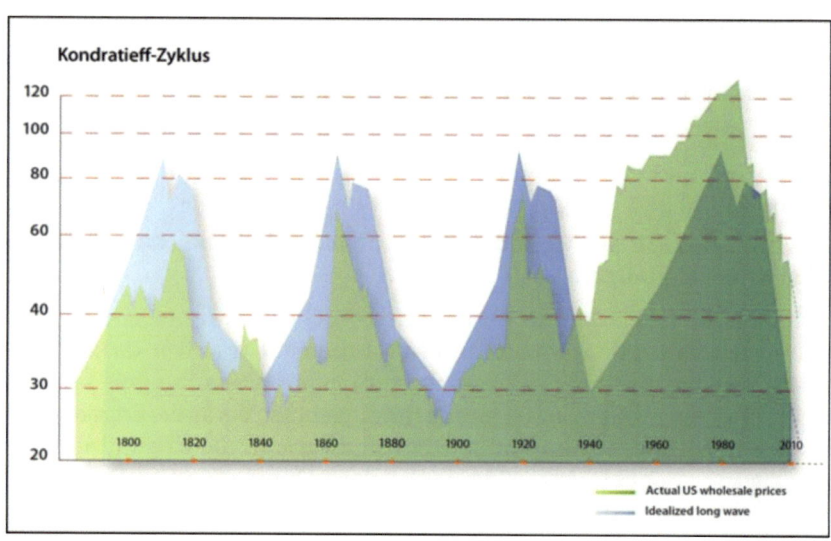

In dieser Darstellung zeigt die eine Fläche die Kurve der Kondratieff-Zyklen auf, die andere die Entwicklung der Großhandelspreise in den USA in denselben Zeiträumen. (Die Daten für die beiden Kurven entstammen dabei zwei völlig unterschiedlichen Quellen.) Die bisherigen Kondratieff-Zyklen lassen sich etwa wie folgt charakterisieren:

- ca. 1780 bis 1840 – Beginn der Industrialisierung mit der Frühmechanisierung.
- ca. 1840 bis 1890 – Zweite industrielle Revolution. In Mitteleuropa „Gründerzeit" genannt.
- ca. 1890 bis 1950 – In diesem Zyklus entdeckt und entwickelt die Gesellschaft das Potenzial der elektrischen und chemischen Energie. Ebenso wurde die Mobilität stark gefördert durch die Massenproduktion des Automobils.
- ca. 1950 bis 2010 – Basisinnovationen sind hier: Transistor, Integrierter Schaltkreis, Computer. Es handelt sich um den ersten Zyklus, der nicht mehr primär von Stoffumwandlungsprozessen getragen wird, sondern von der Verwertung einer anderen Größe, nämlich Information. Da Information keine materielle, sondern eine immaterielle Größe ist und der Mensch ihr wichtigster Erzeuger, Träger, Vermittler, Benutzer und Konsument rücken seine immateriellen Bedürfnisse, Probleme und Potentiale in den Mittelpunkt des mit dem nächsten Zyklus verbundenen Strukturwandels. – In unserer Betrachtung der Ursachen des Wertewandels, springen uns hier natürlich Begriffe wie „immateriell" und „Information" ins Auge – und zwar mächtig. Denn sie stehen in direktem Zusammenhang mit dem Paradigma des Postmaterialismus der modernen Physik.

Die Bedeutung der Kondratieff-Zyklen ist in der Ökonomie bis heute umstritten. Die gesamte Ökonomie wird aber noch immer weitestgehend durch eine eindimensionale Sichtweise bestimmt. Und nach dieser hätte es zum Beispiel den Crash des Finanzsystems im Jahr 2008 überhaupt nicht geben können.

Da es ihn aber doch gab, ist die Wirklichkeit offensichtlich nicht eindimensional rational. Und Nikolai Kondratieff prognostizierte 1926 aufgrund seiner Theorie immerhin den Zusammenbruch des damaligen Konjunktur-Zyklus für das Ende der 20er Jahre, der dann 1929 mit dem sogenannten „Schwarzen Freitag" und daran anschließender Weltwirtschaftskrise auch prompt eintraf.

Ein starker Vertreter der Kondratieff-Zyklen ist Leo A. Nefiodow, zu dessen Forschungsschwerpunkten Wirtschaftszyklen gehören. Nefiodow war lange Zeit Berater des deutschen Bundesministeriums für Forschung und Technologie sowie Berater für Zukunftsfragen bei internationalen Organisationen und privaten Unternehmen. 2004 war er zudem Mitglied der Arbeitsgruppe „Our Future Economy" des Club of Rome. Nefiodow sagt, seine Forschungsergebnisse zeigten, dass die Theorie der langen Wellen heute auf einem wissenschaftlich gesicherten Fundament stehe. Die Kritik an den Kondratieff-Zyklen resultiere ausschließlich daraus, dass deren Existenz wesentliche Prinzipien der heutigen Universitätsökonomie in Frage stelle.

Die Ursachen für die Zyklen vermutete Nikolai Kontradieff damals in Gesetzesmäßigkeiten des Kapitalismus. Und neue Technologien sah er als Folge der langen Wellen, nicht als deren Ursache.

Wie erwähnt, wurde der Begriff „Kondratieff-Zyklen" erst 1939 von Joseph Schumpeter geprägt. Im Gegensatz zu Kondratieff selbst, erkannte Schumpeter grundlegende technologische Innovationen als Basis für die langen Wellen. Schumpeter prägte damit auch den Begriff der „Basisinnovationen"; das heißt Innovationen, die selbst wiederum Auslöser oder Wegbereiter neuer Innovationen sind. Ursachen und Hintergründe der Entstehung der Kondratieff-Zyklen konnte aber auch Schumpeter nicht geben.

Eine mögliche Ursache wurde dann Ende der 70er-Jahre des 20. Jahrhunderts vom österreichischen Zukunftsforscher und Systemtheoretiker Hans Millendorfer beschrieben. Millendorfer konnte zeigen, dass die Generationenentwicklung in empirischer Übereinstimmung mit dem von Kondratieff beschriebenen Konjunkturverlauf steht. Nach dieser Sichtweise beginnt ein neuer Kondratieff-Zyklus mit Einstellungs- und Verhaltensänderungen hinsichtlich der Rahmenbedingungen des Arbeitens und Lebens der Vorgängergenerationen. Die Suche nach einem neuen, und manchmal alternativen Umgang mit den Rahmenbedingungen führt zu Lösungen, die nicht nur neue technologische, sondern auch neue soziale Perspektiven eröffnen; und damit die gesellschaftlichen Strukturen verändern.

Jede Strukturbildung hat aber eine ihr innewohnende Tendenz zur Verhärtung, zur Verkrustung. Dadurch werden Anpassungs- respektive Entwicklungsprozesse immer schwieriger. Nach dem Aufschwung folgt daher der Abschwung, sobald erstarrte Strukturen nicht mehr in der Lage sind:

1. die anstehenden sozioökonomischen Anforderungen und Probleme zu lösen,

2. die agierenden Personen mangelnde Motivation zum notwendigen Strukturwandel zeigen,

3. eine überproportionale Konzentration von Kapital und Macht erfolgt.

(Die Tatsache, dass heute gerade mal 77000 Superreiche mehr als ein Drittel des globalen Geldvermögens besitzen, ist deutliches Indiz dafür, dass wir am Übergang zu einem neuen Kondratieff-Zyklus stehen.)

In dieser Situation erfolgen aus Nischen heraus Neuentwicklungen alternativer Lösungen, von denen sich dann einige etablieren und wachsen können; bis sie so groß sind, dass sie erstarren und dann selbst abgelöst oder erweitert werden.

Rezessionszeiten werden als charakteristische Übergangserscheinungen zweier Kondratieff-Zyklen gesehen. Sobald der neue Zyklus eine ausreichende Dynamik erreicht hat, wird die Rezession überwunden und eine Periode des Wachstums setzt ein.

Schumpeter definierte, dass nicht Marktsättigung das wirtschaftliche Wachstum letztlich zum Erliegen bringt und aus der Prosperität in die Rezession überleitet. Er sagte, dass Rezessionen nicht vermeidbar seien, dass man aber den sich in der Rezession geltend machenden Bereinigungsbedarf und den erforderlichen Strukturwandel zulassen, fördern, gestalten und seine Folgen abfedern könne. Es könne aber auch passieren, dass die Rezession zu einer Depression verlängert werde, wenn die Akteure im Krisenszenarium falsch reagieren und eben *den quasi aus natürlichen Gründen notwendigen Strukturwandel blockieren.* – Unsere Wirtschaftspolitiker sollten diesen Abschnitt ein zweites Mal lesen. Besonders aber den letzten Satz.

Ein Kondratieff-Zyklus ist deutlich mehr als einfach ein wirtschaftlicher Konjunkturzyklus. Er ist eine Wertschöpfungskette, die von Basisinnovationen ausgelöst wird, die über mehrere Jahrzehnte die Hauptrichtung des Wirtschaftswachstums bestimmen und nahezu *alle* Bereiche der Gesellschaft erfassen und verändern. Nefiodow sagt, ein Kondratieff-Zyklus sei ein **Reorganisationsprozess der gesamten Gesellschaft**.

Er sieht den auslaufenden Zyklus charakterisiert durch die Intensivierung der Informationsflüsse zwischen Mensch und Technik, den kommenden aber durch die Optimierung derselben von Mensch zu Mensch. Seine Aussage lautet, dass die Entfaltung „ganzheitlicher Gesundheit" die Basisinnovationen des nächsten Kondratieff liefert. Ganzheitliche Gesundheit bedeutet dabei: körperlich, seelisch, geistig, ökologisch und sozial.

Es werden also die immateriellen Bedürfnisse, Probleme und Potenziale im Mittelpunkt stehen. Das ist im Zusammenhang mit unserer Betrachtung natürlich interessant, weil es wieder in direkter Verbindung zum neuen Weltbild der Physik steht, das ja ebenso von der Prämisse der Ganzheitlichkeit des Kosmos bestimmt wird, wie auch vom Primat immaterieller Prozesse als Ursache der materiellen Welt.

Der Prozess zur steigenden Bedeutung immaterieller Qualitäten ist im Bereich der Wirtschaft bereits seit Längerem im Gange. Die **alte** Wirtschaft, schrieb der Ökonom W. Brian Arthur im „Millenium Whole Earth Catalog", basiere auf der Physik des 19. Jahrhunderts. Das heißt auf den Ideen von Gleichgewicht, Stabilität und deterministischer Dynamik. Dies bringe statisches Denken, soziale Uniformität, Quantität und Preiskampf mit sich. Die **neue** Wirtschaft setze dagegen auf Individualität, Muster und Möglichkeiten, Prozesse, Selbstorganisation und Lebenszyklen. Während natürliche Ressourcen in der alten Wirtschaft die treibende Kraft waren, seien es in der neuen Wissen und Information. Und für die Zukunft seien die bedeutendsten Erfolgsfaktoren *Interdisziplinarität, ethische Performance* und *Kommunikation*.

Wenn wir am Ende dieses ersten Teiles nun den Versuch unternehmen, die dominanten und charakteristischen Veränderungsfaktoren der dargelegten vier Zeitströmungen in einer (vereinfachenden) Übersicht zusammenzufassen, so ergibt dies etwa folgendes Bild:

1. Kurz- und mittelfristig eine starke Zunahme der Bedeutung und Wirkung des weiblichen Prinzips und des matristischen Wertesystems durch das Ende der Dominanz des männlichen Wertesystems, des Patrismus. Dadurch wird das Ideal der „Vollständigkeit" gegenüber demjenigen der „Vollkommenheit" im Vordergrund stehen. Langfristig ist die Tendenz zur ganzheitlichen Entwicklung mit der gleichwertigen Integration matristischer wie patristischer Werte bestimmend.

2. Die Bewusstwerdung des Primats des immateriellen, geistigen Prinzips als wirkende Ursache der Phänomene. Denn der Wassermann-Zyklus wird durch den Vorrang dieses Prinzips gekennzeichnet. – Wem übrigens die Begriffe „Geist" oder „geistig" hier nicht geheuer sind, der kann sie ersetzen durch „Information" (lat. informare = bilden, eine Form geben).

3. Hervorgehend aus dem unter Punkt 2 Definierten: Ein postmaterialistisches, wissenschaftliches Paradigma, wo jegliche Formen materieller Phänomene von Welt und Wirklichkeit durch fundamentale immaterielle Beziehungen hervorgebracht werden, alle Elemente und Phänomene allseitig miteinander verknüpft sind und: voneinander „wissen". (Das ist die Voraussetzung, damit die Quantenphysik funktioniert; und sie funktioniert ja, wie wir wissen.) Auf diese Weise einen ganzheitlichen und sinnvoll geordneten Kosmos bilden. (griech. kósmos = die [Welt-]Ordnung)

4. Die Tendenz der Ganzheitlichkeit wird bestimmend sein für die Basisinnovationen des nächsten Kondratieff-Zyklus. Denn das Bedürfnis nach „ganzheitlicher Gesundheit" – im Sinne von: gutes Gewissen, gutes Gefühl, gute Umstände; das heißt psychisch, physisch, sozial, ökologisch, spirituell okay sein – wird der Auslöser dieser Basisinnovationen sein. Der neue Zyklus wird aber nicht einfach nur eine neue wirtschaftliche Konjunktur mit sich bringen, sondern einen kompletten Reorganisationsprozess der Gesellschaft.

TEIL 2

Konsequenzen für die Zukunft

In diesem zweiten Teil des Textes möchte ich nun konkret eine Reihe relevanter Konsequenzen aufzeigen, die sich in einem näheren Zeitraum aus dem Wandlungsprozess ableiten lassen; ich denke dabei an die nächsten zwei bis drei Jahrzehnte. Nachstehend wird dies zuerst in Form einer Übersicht dargestellt. Daran anschließend erfolgt zu jeder Konsequenz eine vertiefende Erläuterung, teilweise verbunden mit einem persönlichen Kommentar:

- Mehrdimensionale Optimierung statt eindimensionaler Maximierung
- Das Primat ethischer Grundsätze
- Kooperation
- Entschleunigung
- Starke Aktualisierung der Sinn-Frage
- Eine Zunahme der Anspruchstiefe
- Die Übernahme globaler Verantwortung
- Neue Formen bei Mitsprache- und Entscheidungsmöglichkeiten in Politik und Wirtschaft
- Hoher Bedarf an weitsichtiger Intelligenz
- Krisenkompetenz
- Soziales Engagement
- Neue Ernährungsgewohnheiten
- Markante Veränderungen im Gesundheitswesen
- Die Revolution des allgemeinen Weltbildes

Konsequenzen daraus von grundlegender und globaler Bedeutung sind die folgenden:

Etwas mehr sollt es schon sein. - **Die Verlagerung vom Prinzip der kurzfristigen, eindimensionalen Maximierung auf dasjenige der längerfristigen, mehrdimensionalen Optimierung**

Gesundes Wachstum erfordert die bewusste Balance zwischen kurzfristiger Performance und langfristiger Gestaltung. Dies gilt auf der Ebene der Wirtschaft ebenso wie auf derjenigen der Gesellschaft oder des einzelnen Individuums. Die *Qualität* menschlichen Handelns ist Ausdruck dieser Balance, somit des Grades an Ganzheitlichkeit, die darin erkannt wird. Stabilität wird nicht erreicht durch Starrheit, die führt nur zur Verkrustung, und letztlich zum Untergang, sondern durch ein permanentes Ausbalancieren von Gegensätzen; was nichts anderes ist als Anpassung gemäß evolutionärer Kriterien.

Wir müssen wieder lernen langfristig zu denken, Business und Gesellschaft zu synchronisieren; und entsprechend unseren Erkenntnissen auch zu *handeln*. Alles andere führt nur von einer künstlich hochgepuschten Konjunktur-Blase zur nächsten, mit daran zwangsläufig anschließenden Krisen, die eine immer größere Wertvernichtung mit sich bringen und Staatskosten nach sich ziehen, die schließlich zum – zwar nicht offiziell zugegebenen aber tatsächlichen – Staatsbankrott führen. All diese Vorgänge werden letztlich die gesamte Zivilisation ruinieren sowie das Konzept der Demokratie unterminieren; mit unabsehbaren Folgen für die weitere Entwicklung.

Joseph Schumpeter beantwortete im Jahre 1950 die Frage "Kann der Kapitalismus überleben?" mit: "Nein, meines Erachtens nicht." Er begründete seine Antwort dabei folgendermaßen: "Die These, die ich zu begründen versuchen werde, ist die, dass die gegenwärtigen und künftigen Leistungen des kapitalistischen Systems ... die Vorstellung seines Zusammenbruchs unter dem Gewicht wirtschaftlicher Fehlschläge widerlegen und dass vielmehr *gerade sein Erfolg die sozialen (seelischen, körperlichen) Einrichtungen, die es schützen, untergräbt* und 'unvermeidlich' Bedingungen schafft, unter denen es nicht zu leben vermag."

Der indische Ökonom Amartya Sen, er erhielt 1998 den Nobelpreis für Wirtschaft, sagt zur heute herrschenden, eindimensional auf kurzfristige Profitmaximierung hin ausgerichteten Form des Kapitalismus: „Marktfixierte Ökonomen, die nur an Profit denken, haben das Wesen des Kapitalismus nicht verstanden. Die hinter ihm stehende Philosophie, formuliert etwa von Adam Smith im 18. Jahrhundert, hat stets darauf gedrungen, dass Marktwirtschaft nur ein Mittel ist, um globalen Wohlstand für alle zu schaffen." Das Denken und die Arbeit von Sen zielen darauf ab, eine grundlegend andere Vorstellung von Wirtschaft zu etablieren – eine, bei der **nicht der Markt im Mittelpunkt steht, sondern der Mensch.** Wirtschaft kann sich danach nicht darin erschöpfen, das Bruttosozialprodukt, die Aktienkurse oder die Löhne zu steigern, sondern muss auch der Menschenwürde, der Sicherheit, der Gerechtigkeit dienen. Wirtschaftswachstum ist dabei ein Mittel unter vielen – zu dem Zweck, „Verwirklichungsmöglichkeiten" zu schaffen, so dass Menschen ihre Fähigkeiten entfalten können. Das setzt ganzheitliches Denken voraus und das Prinzip der mehrdimensionalen Optimierung.

Wie weiter? – Die Notwendigkeit des Primats ethischer Grundsätze und Anforderungen

Adam Smith, der als Begründer der klassischen Volkswirtschaftslehre gerne auch als „Vater der modernen Ökonomie" bezeichnet wird, war in erster Linie *Ethiker* – „Moralphilosoph" nannte man das in seiner Zeit. Und er ist dies in seiner inneren Haltung auch bis an sein Lebensende vor allem anderen geblieben.

Unter „Ethik" versteht man *Werte der Lebensführung*, die sich aus der Verantwortung gegenüber einem dem individuellen Wohl gleichgestellten oder übergeordneten Wohl herleiten. Ethik bezeichnet auch die Wissenschaft über das, was gut ist bzw. wie der Mensch sich verhalten soll. Die klassische Philosophie der Antike, in welcher die Ethik ihre Wurzeln hat, beschäftigte sich seit Aristoteles mit der Frage, wie der Mensch ein sinnvolles Leben führen kann, und versuchte, daraus konkrete Handlungsanweisungen für den Alltag zu gewinnen. Persönlich definiere ich Ethik folgendermaßen: Das individuelle Wohl ist in *Balance* mit dem globalen Wohl. Denn der/die Einzelne trägt integrale Verantwortung für das Ganze, damit auch für die Gesellschaft und die Kultur, die letzten Endes ja unsere eigenen Geschöpfe sind.

Nach dem zweiten großen Krieg des 20. Jahrhunderts haben sich die Methoden der Eroberung und Beherrschung in immer stärkerem Maße auf die Ebene der Wirtschaft verlagert. Die Opfer dieser Entwicklung sind zwar weniger erschütternd, als dies bei der archaischen Form des Krieges der Fall ist, da sie nicht blutig niedergemetzelt werden. Das kann man mit guten Gründen als Fortschritt bezeichnen. Es handelt sich dabei aber letztlich nur um eine Veränderung der Methoden, die geistige Grundhaltung bleibt dieselbe: Eroberung, Verdrängung, Bereicherung auf Kosten anderer. Kurz: Beherrschung und Ausbeutung.

Am Anfang dieses Prozesses war das noch nicht so erkennbar. Oder nur für wenige. Ab den 80er-Jahren des 20. Jahrhunderts wurde der Grundcharakter des Prozesses aber immer deutlicher und ist heute für jedermann offensichtlich. Manager großer Firmen beziehen schamlos Gehälter, die in keinem Maße mehr mit ihrer tatsächlichen Bedeutung im Einklang stehen, lassen sich selbst klägliches Scheitern noch millionenfach vergolden. Zudem legen sie in zunehmendem Grade eine Einstellung und ein Gehabe an den Tag, die an diejenigen mittelalterlicher Kriegherren erinnern. Unternehmensstrukturen, Führungsmodelle und –methoden orientierten sich seit Längerem schon an den Strukturen des Militärs und der Armee. Die Terminologie in der Unternehmensführung oder bei der Vermarktung von Produkten war seit den 1960er-Jahren stark militärisch geprägt. Man redete da in selbstverständlicher Abstraktion in einem militärischen Jargon, als gälte es gegen die Konkurrenz oder die „anvisierten" Konsumenten Krieg zu führen, diese wie einen Feind zu besiegen.

„Für die Gesellschaft wie für den Einzelnen gilt der Satz: *Primum est edere, deinde philosophari* – erst essen, dann philosophieren, erst Wohlstand, dann Kunst", schreibt der amerikanische Philosoph Will Durant in seiner *Kulturgeschichte der Menschheit*. Ökonomie ist zur Verbesserung materieller Lebensbedingungen ausschlaggebend, damit auch indirekt von zentraler Bedeutung für die Weiterentwicklung des Bewusstseins der Menschheit. Erst die materiellen Verbesserungen ermöglichen es dem Menschen, nicht mehr täglich ums nackte Überleben kämpfen zu müssen und so – zumindest vom Prinzip her – dem bewussteren Leben mehr Raum geben zu können.

Wir haben aber mit der Form einer sich immer rücksichtsloser gebärdenden Ökonomie in den industrialisierten Ländern gleichsam eine *offiziell anerkannte Ebene des Amoralischen* geschaffen. Wir erhoben den sich selber genügenden Kapitalismus zu einer Form von Pseudoreligion, in der die einzig moralische Komponente ist, dass man seine Rechnungen bezahlt. Damit wurde eine Pervertierung der ursprünglichen Funktion des Kapitalismus erreicht, wie sie größer kaum sein könnte.

All das hinterlässt den Eindruck, dass die Welt mehr und mehr regiert wird vom Bewusstseinszustand eines rücksichtslos Spätpubertierenden oder eines maßlosen Egoisten. Kein Wunder, dass viele Menschen das Vertrauen in die heutige Form des Systems verlieren, die Zustimmung gegenüber offiziell formulierter Politik bei den davon Betroffenen zunehmend kleiner wird und der ursprüngliche Gedanke des Kapitalismus wie auch des demokratischen Systems ad absurdum geführt wird. Kein Wunder, dass aus diesem Grunde sehr viele Menschen auch dem für die Gesamtentwicklung der Menschheit wichtigen Prozess der Globalisierung stark ambivalente oder gar deutlich negative Gefühle entgegenbringen, dieser häufig mit Angst, Ohnmacht, Wut und sogar Hass betrachtet wird.

Ob man sie aber liebt oder hasst, die Globalisierung: Entscheidend ist die Tatsache, dass sich im Grunde niemand vorstellen kann, sie sei wieder rückgängig zu machen, oder sie werde durch irgendwelche zumutbaren Ereignisse rückgängig gemacht. Um zu einem konstruktiven Ergebnis zu kommen, dürfen wir bei der Globalisierung nicht ökonomischen, wirtschaftlichen Prinzipien allein die Führung als *driving force* des Prozesses überlassen, denn der eindimensionale Kapitalismus ist angesichts der Komplexität der Welt zu primitiv und eine Gefahr. Die Wirtschaft ist Teil einer Art „soziokulturellen Hologramms"; unterliegt – wie alle gesellschaftlichen Prozesse – somit auch den Kriterien des Holismus: Alles beeinflusst alles, weil alles mit allem verbunden ist.

Es liegt an uns, ob die Globalisierung zu einem schöpferisch-konstruktiven Prozess wird, an dessen Ende die Welt besser ist, als sie zuvor war. Mit mehr Frieden und Freiheit und Gerechtigkeit, größerer Entfaltungsvielfalt, mehr Entwicklungsmöglichkeiten, besserer Lebensqualität für alle – und einem erweiterten Bewusstsein. Oder ob sie zu einem Prozess wird, an dessen Ende mehr Kontrolle und Zwang, mehr Einschränkung, noch mehr Kampf und Unterdrückung stehen, und die Diktatur einer Geldoligarchie; vergleichbar mit der Situation des Römischen Reiches vor seinem Untergang.

Apropos altes Rom, wenn wir schon dabei sind. Will Durant schreibt: „Rom blieb so lange groß, als es Feinde hatte, die es zur Einigkeit, zur Weitsicht und zur Heldenhaftigkeit zwangen. Als es alle Widersacher überwältigt hatte, erlebte es eine kurze Zeit der Blüte und ging dann dem Tode entgegen." Ohne die Einsicht, dass ethisch-moralische Werte für die Weiterentwicklung des Kapitalismus von fundamentaler Bedeutung sind, wird er das Schicksal des alten Rom teilen: Alle Widersacher in Form von Sozialismus oder Kommunismus wurden überwältigt, und nach einer kurzen Zeit der Blüte ging er dem Tode entgegen!

Erich Jantsch definierte Ethik ja als nichts anderes als einen Kodex evolutionsgerechten Verhaltens und Moral als lebendiges Erfühlen eines solchen Verhaltens. „Ethik" und „Moral" sind somit nicht etwas, das man erst dann hervorkramt, wenn gesellschaftliche Probleme auftauchen. Nein, sie sind von *fundamentaler* Bedeutung! Ausschließlich das Primat von Ethik und Moral im Sinne dieser Jantsch'schen Definition ermöglichen nämlich den für ein gesundes Wachstum notwendigen klaren Blick auf die natürlichen Prioritäten und überlebensnotwendigen Voraussetzungen. Nur ethische Werte gewährleisten die für ein gesundes Wachstum notwendige Balance scheinbarer Gegensätze wie: Wirtschaft/Ökologie, arme Länder/reiche Länder, Mensch/ Umwelt und so weiter.

Wenn beispielsweise die Wirtschaft das Primat ethischer Werte nicht erkennt und anerkennt, dagegen ihre einer veralteten Weltsicht entstammenden Dogmen, Muster und Methoden der Welt in immer mehr Bereichen oktroyieren will, so wird dies zu einer Welt führen, in welcher alle Lebensbereiche durchgehend „ökonomisiert" werden: Alles Lebendige hat sich den auf rationale Effizienz und die Erzielung kurzfristigen materiellen Profits ausgerichteten primitiv-kapitalistischen Prinzipien zu beugen. Das mag auf sehr kurze Sicht sogar tatsächlich zu verbessertem materiellem Komfort führen, auf nicht-materiellen Gebieten führt es aber letztlich zur Verarmung: Armut an Lebenssinn, Lebensinhalt, Lebensqualität, Lebensraum – und damit zur Zerstörung der Voraussetzungen, auf welchen das wirtschaftliche System basiert. Sein Erfolg wäre dann derjenige von Krebszellen, die so erfolgreich sind, dass unter diesem Erfolg ihr menschlicher Wirt stirbt und sie mit ihm. (Siehe weiter vorne Joseph Schumpeters Äußerungen, warum der Kapitalismus nicht überleben werde.)

Ökonomie ohne umfassende Ethik zerstört ihre eigenen Grundlagen. Denn wer sich ausschließlich oder allzu stark auf die ökonomischen Aspekte seines Tuns konzentriert, verfällt automatisch in eine Eindimensionalität des Denkens. Diese wiederum führt genauso automatisch zu Handlungen, die unter Berücksichtigung eines evolutionären Gesichtspunktes ebenso unintelligent sind wie hochgradig gefährlich.

Die Anwendung militant-ökonomischer und eindimensionaler Denk- und Handlungsmuster ist evolutiv destruktiv, damit widernatürlich. Nicht nur deshalb, weil diese zwangsläufig mit den Anforderungen einer zu Erhalt und Entwicklung von Kultur notwendigen Ethik in Konflikt stehen, sondern weil sie nicht mit den in der Natur vorherrschenden Mustern und Abläufen in Übereinstimmung sind, diese sogar nachhaltig schädigen; und damit die Lebensgrundlagen generell, materielle wie seelische. Aus diesem Grund können sie, in einem ganzheitlichen Sinne betrachtet, nur *falsch* sein.

Ethisch-moralische Defizite in unserer Zivilisation sind auch der größte Hemmfaktor für das mögliche Wachstum eines weltweiten allgemeinen Wohlstandes und der Lebensqualität. Denn sie verhindern eine gerechtere Verteilung, führen zur Akkumulierung gewaltiger Vermögen bei ganz wenigen und damit zu stark labilen Zuständen. Verschärfend kommt hinzu, dass diese Vermögen oft für mehr als fragwürdige, ja unmoralische Geschäfte eingesetzt werden, deren Erträge wiederum nur wenigen zugutekommen; und darum volkswirtschaftlich wie entwicklungstechnisch gesehen *riesige Bremsklötze* für die Verbesserung der Lebensqualität weltweit darstellen.

Durch die globale Verbesserung der Lebensbedingungen würde aber ein enormes Nachfragepotenzial nach Gütern und Dienstleistungen aus den reichen und hoch industrialisierten Gesellschaften der Welt geschaffen werden. Dieses ermöglichte nicht nur eine umfassende Verbesserung der Lebensverhältnisse in den armen Ländern, sondern leistete ebenso einen großen Beitrag an die Finanzierung des in den reichen Ländern notwendigen Strukturwandels, welcher dort durch gestiegene Ansprüche im ganzheitlichen Sinne hervorgerufen wurde, die sich in Zukunft noch verstärken werden.

Manch einer mag bei diesen Ausführungen vielleicht milde lächeln, sie als unrealistische Sozialutopie oder gar Naivität abtun. Sie basieren aber mehr auf soziobiologischen Erkenntnissen denn auf sozialutopischen Idealen.

Für den nächsten Konjunkturzyklus sagt Leo A. Nefiodow voraus: „Erstmals in der Geschichte der Menschheit wird wirtschaftlicher Erfolg nicht mehr von technischen Innovationen und Rohstoffen abhängen, sondern von Fortschritten im Menschlichen." Das Gefühl, dass die Vertretung ethischer Werte generell eine wesentlich wichtigere Rolle in Gesellschaft und Wirtschaft spielen müsse, verstärkt sich heute. Insbesondere der moralische Anspruch seitens der Mitarbeitenden, der Konsumentinnen und Konsumenten, der Politik und der Öffentlichkeit an Unternehmen, ihre Führung und ihre Angebote nimmt allgemein zu. Das bedeutet nichts anderes, als dass sich das System ideell, im Sinne einer ganzheitlichen Ethik bereits unbewusst weiterentwickelt. Wie lautet doch ein tibetisches Sprichwort: „Ein Baum, der fällt, macht mehr Lärm als ein Wald, der wächst."

Weitere, für die nähere Zukunft absehbare Konsequenzen des vor sich gehenden Wandlungsprozesses sind:

Zusammen sind wir besser. – **Ein verstärktes Bewusstsein für und ein erhöhter Bedarf an Kooperation**

Neue Forschungen zeigen, dass in der Evolution Kooperation eine ausschlaggebendere Rolle spielt als Konkurrenz. Ein Menschenbild, demzufolge es unser Schicksal ist, in ewiger Konkurrenz einander überbieten zu müssen, sieht nur die biologisch-instinktive Seite in der Evolution des Menschen, nicht die Rolle psychisch-geistiger Prozesse. Die Bedeutung des Konkurrenzgedankens, der in unserem Wirtschaftssystem so stark vorherrscht und als Voraussetzung für Erfolg überhaupt gilt, muss heute im kulturellen und politischen Kontext des 19. Jahrhunderts gesehen werden. Und man sollte dabei nie vergessen, dass Darwin selbst sich vom Sozialdarwinismus distanzierte.

Er betont in seinem Werk *„Descent of Man"* klar, dass für die Entwicklung des Menschen kulturelle, insbesondere moralisch-ethische Eigenschaften und Fähigkeiten höher einzustufen sind als intellektuelle oder gar biologische Faktoren. Moralisch-ethische Eigenschaften erleben einen direkten oder indirekten Fortschritt aber durch das Einwirken von *Anleitung, Vorbild* und *Zusammenarbeit,* nicht durch irgendwelche natürliche Auslese.

In Zukunft wird insbesondere die **interdisziplinäre Kooperation** von elementarer Bedeutung sein für Entwicklung und Fortschritt. Denn eine ganzheitliche Sicht- und Handlungsweise kann nun mal nicht aus der Perspektive eindimensional orientierter Spezialdisziplinen heraus erfolgen. Aus diesem Grund werden auch die so genannten „Generalisten" in der Wirtschaft der Zukunft wieder einen hohen Stellenwert einnehmen, vor allem in der Funktion der Leitung oder Begleitung von Teams von Spezialisten, die interdisziplinär zusammenarbeiten.

Gemäß Rolf Landua arbeiten am CERN heute mehr als 7 000 Gastwissenschaftler von Universitäten und Forschungsinstituten aus den Mitgliedsländern des CERN und aus 65 weiteren Ländern der Erde, das CERN sei damit zu einem Weltlabor geworden. Man könne deshalb von einer *Gruppenintelligenz* der Physiker-Kollaboration sprechen, und nur auf diese Weise sei in der experimentellen Physik heute noch Fortschritt möglich. Die Zeiten einsamer Genies wie Newton oder Einstein, die im stillen Kämmerlein über Jahre hinweg eine Theorie ausbrüteten, ist aus der Sicht Landuas vorbei. Denn die Komplexität der theoretischen und der experimentellen Fragestellungen habe sich derart erhöht, dass sich in beiden Sektoren ein zunehmender Trend zur kollektiven geistigen Entwicklungsarbeit eingestellt habe.

Nun ist diese Kooperation von Tausenden von Wissenschaftlern wohl ein Ausnahme- und vielleicht auch Idealfall, deshalb nicht einfach eins zu eins auf andere Gebiete übertragbar, zum Beispiel auf die Wirtschaft. Trotzdem scheint sie prototypisch zu sein für die zukünftige Bedeutung der Kooperation. Und damit, trotz aller spezifischen Begleitumstände, Vorbildfunktion zu haben für die zukünftige Entwicklung von Wissensfindung und Problemlösungskompetenz generell. Denn Vielfalt, Komplexität und Instabilität, wie sie nun mal charakteristisch für die Zukunft sind, kann nur durch Kooperation unter einer ganzheitlichen Sichtweise „gemeistert" werden.

Rasen ist ungesund! – Entschleunigung

Die gesellschaftliche und vor allem wirtschaftliche Entwicklung in den Industriegesellschaften hat eine Eigendynamik gewonnen, die Hektik und sinnlose Hast in alle Lebensbereiche hineinträgt, jedes natürliche und menschliche Maß ignoriert und damit den Menschen physisch und psychisch überfordert, ihn schädigt.

Durch ein hohes Tempo entstehen vor allem auch zu große Risiken – zum Beispiel betreffend der Richtung und Qualität des Fortschritts. Ebenso entsteht dadurch ein Zuviel an Duplizierung des Bestehenden, echte Innovation und wirklichen Fortschritt vorspiegelnd, die bei genauerer Betrachtung nur Variationen und Varianten immer desselben sind, keinerlei *substanzielle* Verbesserungen mit sich bringen und letztlich nur eine Verschwendung von Ressourcen darstellen, natürlicher ebenso wie menschlicher.

Jung sagte, es sei einer der verhängnisvollsten soziologischen und psychologischen Irrtümer, dass man so häufig meine, von irgendeinem gegebenen Augenblick an könne etwas plötzlich ganz anders werden. Zum Beispiel, dass man glaube, der Mensch könne sich von Grund auf verändern. Oder es könnte eine Formel oder Wahrheit gefunden werden, die einen ganz neuen Anfang darstelle. Diese Sichtweise oder Erwartung erzeuge neurotische Rastlosigkeit, Rastlosigkeit wiederum erzeuge Sinnlosigkeit. Sinnlosigkeit aber führe zu Aggression oder Depression. Beide könnten ihre Ursachen sehr wohl in einem seelischen Leiden haben, dessen Wurzeln in einem entwicklungstechnisch gesehen zu hohen Veränderungstempo in der heutigen Kultur und Zivilisation liegen. Bei Entschleunigung geht es nicht um Langsamkeit als Selbstzweck, sondern um angemessene Geschwindigkeiten und Veränderungen in einem *ganzheitlichen* Sinn; im Umgang mit sich selbst, mit den Mitmenschen und mit der einen umgebenden Natur. Kurz: um mehrdimensionale Optimierung.

Echter Fortschritt beinhaltet *immer* auch die Entwicklung des Bewusstseins. Dieser Prozess aber basiert auf Handlung–Erfahrung–Reflexion; das heißt nichts anderes, als dass er Zeit benötigt. Wenn die quantitative anstelle der qualitativen Entwicklungslogik dominiert, entsteht, wie erwähnt, zuviel Reproduktion, das bedeutet „Flucht in die Routine". Damit wird ein gegenüber den entwicklungstechnischen Anforderungen *inadäquates* Wissen bestimmend. Veraltete Wissens- und Bewusstseinsinhalte wirken aber ausschließlich kontraproduktiv, denn sie verhindern notwendige Innovationen und Strukturwandlungsprozesse. Reproduziert sich eine Gesellschaft aber nur, so wird sie sukzessive an die Basis der Entwicklungspyramide des kulturellen, letztlich auch des zivilisatorischen Fortschritts durchgereicht.

Echte Innovationen – sowohl geistiger wie technologischer Natur – benötigen Zeit zu ihrer Akzeptanz. Denn echte Innovationen erzeugen zuerst einmal Gegendruck, mit dem die soziale Umwelt allem begegnet, das überhaupt oder speziell etwas *wirklich* Neues ist. Dieser Druck verschwindet erst, wenn das Bewusstsein einen Entwicklungsschritt machen konnte, aufgrund von Erfahrung mit dem Neuen und Reflexion über das Neue – was eben nur in und mit der Zeit möglich ist, in der ein solcher Prozess natürlicherweise abläuft.

Hamlet lässt grüßen. – **Sinn und nicht Sinn, das ist in Zukunft die Frage**

Albert Einstein formulierte mal: „Wer keinen Sinn im Leben sieht, ist nicht nur unglücklich, sondern kaum lebensfähig." – Ohne die Beantwortung und Bejahung der Sinnfrage ist keine soziokulturelle Evolution möglich. Denn wo kein Sinn erkannt wird, regiert kein aufbauendes Prinzip. Sinn zu sehen ist elementar, individuell wie kollektiv. Sinnleere führt letztendlich immer zu Depression, Aggression, Destruktivität – gegen sich selbst oder gegen die anderen.

Aufgrund der allgemeinen Zunahme der Bedeutung des geistigen Prinzips wird das Thema und die Frage nach dem „Sinn" in Zukunft nicht nur auf Gebieten verstärkt in Erscheinung treten, wo man es primär erwartet – zum Beispiel in den persönlichen Beziehungen, in philosophischen oder spirituellen Themenbereichen. Vielmehr wird es genauso auch dort, wo bisher vordergründige Kriterien maßgebender waren eine bedeutende Rolle spielen: zum Beispiel am Arbeitsplatz, bei Investitionen und Anschaffungen, beim Kaufprozess generell. Man begegnet dieser Entwicklung bereits heute, wenn sie auch unter einer den Marktstrategen vertrauteren Begrifflichkeit auf der Bühne erscheint, nämlich unter der Bezeichnung „Marketingzielgruppe". Eine solche definiert sich über ein (Lebens-)Konzept, das LOHAS genannt wird *(Lifestyle of Health and Sustainability)*. Diese Konsumentengruppe zeichnet sich aus durch Verantwortungsbewusstsein, gepaart mit Lebensfreude. LOHAS wollen gesund, nachhaltig und sinnvoll leben: Wo und was kann ich kaufen, ohne dabei ein schlechtes Gewissen zu haben? Was ermöglicht sinnvolles Konsumieren? Deutsche Umfrageinstitute zählen heute schon jeden achten Bundesbürger zu ihnen, andere Experten schätzen ihren Anteil gar auf 20 oder sogar 30 Prozent.

Aber auch unternehmerische Energie, genauso wie Selbstmotivation der Mitarbeitenden oder die Bewältigung von Krisensituationen können in Zukunft nicht einfach durch mehr Information, die Vermittlung zusätzlichen Wissens oder materielle Anreize gewonnen werden. Die zukünftigen Herausforderungen lassen sich nicht bewältigen, wenn man sich nicht Methoden aneignet, Energie sozusagen aus dem Nichts zu gewinnen. Dieses energiespendende „Nichts" ist letztlich aber nichts anderes als die konstruktive Beantwortung der Sinnfrage.

Insbesondere die Erkenntnisse aus der modernen Physik weisen darauf hin, dass wir uns an den Gedanken gewöhnen dürfen, dass nichts Sinnloses existiert und geschieht in der Welt. Es scheint nur für *uns* so. Die Ursache dafür liegt aber bei uns, nicht in den Geschehnissen selbst. Der Zufall existiert nicht, zumindest nicht in einem Verständnis von völliger Willkürlichkeit. Der gefühlsmäßig als solcher empfundene Zufall rührt von unserer begrenzten Kenntnis von und Erfahrung mit der Natur der Wirklichkeit her. Das, was wir Zufall nennen, ist zum allergrößten Teil Ausdruck einer höherdimensionalen Ordnung, die für uns auf logischem Wege nicht fassbar ist.

Es ist unser Bewusstsein, welches einen Zufallspfad geht durch die sich ständig weiter verästelnden Chreoden und Wege des Kosmos. Könnten wir die Dinge aus einer anderen „Etage" der Wirklichkeit wahrnehmen, einer anderen Dimension, würden wir den Sinn jeglichen Geschehens wohl direkt erkennen.

Nicht der liebe Gott würfelt – was ja Albert Einstein noch sehr beunruhigte – sondern wir, sagt der britische Physiker Paul Davies. Denn ein Gott, der ausschließlich würfelte, wäre nur ein Spieler und keines seiner „Produkte" gewänne einen Sinn. Ein Gott, der aber nie würfelt, baute eine Maschine und keines seiner „Produkte" wäre frei. Erst die Spanne zwischen beidem gibt Sinn und Freiheit zugleich. Der liebe Gott mag aus unserem begrenzten Verständnis heraus also wohl würfeln, aber er befolgt auch seine eigenen Spielregeln. Unser Problem ist, dass wir diese bis jetzt nur ziemlich unvollständig kennen.

Die moderne Physik zeigt uns, dass die Natur nicht einfach ein gigantisches Gemisch von Größen und Kräften ist, sondern vielmehr ein intelligentes, kreatives und ganzheitliches System. Und sie zeigt uns auch immer deutlicher: Das Universum entfaltet sich sinnvoll, es gibt tatsächlich eine Weltordnung. Werner Heisenberg beispielsweise stellte – wie viele andere bedeutende Physiker – explizit fest, dass an einer zentralen *Ordnung* der Dinge oder des Geschehens nicht zu zweifeln sei. Und wir stoßen in vielerlei Zusammenhängen und in unterschiedlichen Disziplinen immer wieder auf die von Wissenschaftlern gewonnene Erkenntnis einer sinnvollen Ordnung im Kosmos. Auch wenn sie diese mehr intuitiv wahrnehmen als logisch definieren können; was verständlich wird angesichts einer die Logik überfordernden Komplexität der Wirklichkeit. Lässt sich daraus vernünftigerweise etwas anderes ableiten als die ungeteilte und durchgehende Ordnung von Welt und Wirklichkeit – und damit ihre Sinnhaftigkeit? Denn Ordnung ohne Sinn macht „keinen Sinn", in Ordnung ist Sinn implizite. – Wie sagte George Leonhard doch: „Damit die Quantentheorie wirklich funktioniert, muss jedes Elektron, umgangssprachlich formuliert, ‚wissen', was es tun soll. Es ist, als ob sich an jedem Punkt jedes elektromagnetischen Feldes ein winziger Supercomputer befände, der ständig alles berechnet, was im Universum vor sich geht.... In einem solchen Universum stehen die Informationen über das Ganze an jedem Punkt zur Verfügung."

Es scheint also in der Natur sehr deutliche Hinweise auf einen intelligenten und sinnvollen „Plan" zu geben, den wir jedoch irgendwie nicht sehen und verstehen können. Wir werden ihn vielleicht begreifen in einer Zukunft, in der wir auf einem höheren Niveau über wissenschaftliche Kenntnisse verfügen. Es deutet allerdings einiges mehr darauf hin, dass wir ihn nur verstehen könnten, wenn wir ihn aus einer höheren Dimension betrachteten. – Schade! Aber zum Glück gibt's ja noch die intuitive Wahrnehmung.

Der Mensch, ja das Lebendige generell, darf wohl als ein symbolisches Abbild oder als Spiegelung der gesamten Ordnung der Wirklichkeit verstanden werden. In etwa so, wie sich auch der ganze Mensch genetisch in jeder seiner Zellen wieder findet. Und er spiegelt sich gleichsam in den Akupunktur-Meridianen seines Ohres, in seiner Hand und in seiner Iris. Das Fraktale „durchschichtet" offenbar alle Ebenen des Seins: im Stofflichen, Seelischen, Geistigen. Die materielle Wirklichkeit wäre dann als „psychophysisches Muster" einer mehrdimensionalen Ordnung zu verstehen. Ebenso sehr zur Anschaulichkeit der Schönheit dieser Ordnung dienend wie zur Erfahrung ihrer Lebendigkeit, der Kräfte und Möglichkeiten. – Wenn das mal keinen Sinn macht?

„Das Gefühl der Sinnlosigkeit entsteht durch Abtrennung, Isolierung von der ganzheitlichen Ordnung. Sinn hingegen ergibt sich aus dem Erkennen meiner Position und meines Wirkens als Teil eines Größeren, Umfassenden", sagt Hans-Peter Dürr. „Die Sinnhaftigkeit kommt also mit der Beziehung zum Ganzen, das ich nicht benennen kann. Aber ich weiß, dass ein Sinn existiert. Nein, ich weiß es nicht, aber ich weiß, wenn ein Sinn besteht, würde ich ihn nicht verstehen. Weil ich aber weiss, dass ich nur ein Untersystem bin, zerbreche ich mir nicht den Kopf darüber, warum ich den Sinn nicht verstehe. Aber warum soll ich ihn in Abrede stellen? Ich bin ein Teil davon."

Hier und alles. – **Die Zunahme der Anspruchstiefe**

Darunter ist zu verstehen, dass die Ansprüche und Erwartungen seitens der Mitarbeitenden, Bürger und Konsumenten an Unternehmen und Institutionen umfassender werden – ganzheitlicher.

Die Zunahme hängt zusammen mit dem Anspruch und der Erwartung der Übernahme globaler Verantwortung, wie auch mit demjenigen der Sinnhaftigkeit. Menschen delegieren nun mal gerne Verantwortung, vor allem an Autoritäts- und Führungspersonen. Zuerst an Vater und Mutter – was noch verständlich ist –, später dann oftmals an den Ehe- oder Lebenspartner. Aber natürlich auch an den Lehrer, den Arzt, den Vorgesetzten, die Polizei, die Firma, den Produzenten, den Staat und so fort. Es ist eben schlichtweg bequemer, die anderen als verantwortlich zu definieren, als Eigenverantwortung zu akzeptieren und zu übernehmen.

Aus diesem Grund werden Konsumenten die Verantwortung für zum Beispiel ökologisches Verhalten in erster Linie an die Produzenten delegieren oder an den Staat, das Gemeinwesen. Diese sollen gefälligst im ökologischen Sinne handeln, ökologisch unbedenkliche Produkte anbieten, ökologisch produzieren.

Im Falle wirtschaftlicher Unternehmen – aber auch von NGOs oder staatlichen Institutionen – erfordert die Zunahme der Anspruchstiefe einen klar definierten, authentischen und aussagefähigen Wertekodex als Bestandteil der Corporate Identity. Dieser darf nicht nur auf dem Papier stehen, er muss auch tatsächlich gelebt werden, vor allem von den Leuten „ganz oben". Das Motto für die Zukunft lautet hier ganz klar: **Vorbild statt Leitbild!**

Der Begriff „Identität" leitet sich ab vom lateinischen *idem*, derselbe. Beim Menschen bezeichnet Identität die das Individuum charakterisierenden und nach außen kennzeichnenden Eigenschaften und Merkmale. In analoger Weise wird der Begriff auch für abgrenzbare Entitäten verwendet, wie beispielsweise Unternehmen, Organisationen, Institutionen. Die Firmenpersönlichkeit (Corporate Identity) repräsentiert somit die Gesamtheit der Charakteristika eines Unternehmens.

In einem sozialpsychologischen Sinne wird Identität meist verstanden als die Summe der Merkmale, mit denen sich ein Individuum oder eine Entität von anderen unterscheiden lässt: das, was eine eindeutige Identifizierung ermöglicht. Neben dieser auf objektiv vorhandene Merkmale bezogenen Verstehensweise existiert eine Bedeutung von Identität, die sich auch auf das subjektive Bewusstsein dieser Merkmale bezieht.

Das Corporate Identity-Konzept beruht auf einer ganzheitlichen Sichtweise. Sie bildet die Grundlage für die Strategie eines Unternehmens, mit dem Ziel einer nachhaltigen Unternehmensentwicklung. Wo dies nicht der Fall ist, ist Corporate Identity-Arbeit ohne Wert. Auf der Umsetzungsebene bedeutet Corporate Identity die Übereinstimmung von Einstellungen, Zielen, Verhalten, Kommunikation und Erscheinung nach innen und außen.

Corporate Identity-Arbeit ist ein anhaltender Prozess entlang sich entwickelnder Märkte, neuer Kundenbedürfnisse und der eigenen Vision. Ganzheitlich gelebte Corporate Identity wirkt nicht nur gegenüber Kunden, Lieferanten, Behörden und Investoren, sie bietet auch dem Management, den Mitarbeitenden, den Aktionären Orientierung und Sicherheit; soweit dies in einer lebendigen, das heißt instabilen Welt überhaupt möglich ist.

Der Begriff „Corporate Identity" hat sich in den letzten 40 Jahren in den industrialisierten Ländern der Welt zunehmend verbreitet und durchgesetzt. Allerdings wurde er dabei auch ausgehöhlt. Die ganzheitliche Bedeutung und das Verständnis derselben degenerierten mehr und mehr zum alleinigen Verständnis äußerer Erscheinungsform.

Persönlich gehe ich davon aus, dass das ganzheitliche Verständnis von Corporate Identity im Zuge der Zunahme der Anspruchstiefe wieder stark an Relevanz gewinnt. Die Bedeutung der Inhalts- und Schwerpunkte einer Corporate Identity werden sich dabei gemäß den bestimmenden Zeitströmungen ändern, weil Identität ja ein anhaltender Prozess ist. Dabei werden die Beantwortung der Sinnhaftigkeit, die ganzheitliche Zielsetzung und das Verhalten zu Schlüsselelementen werden.

Zeitgemäße, das heißt „zukunftsgerichtete" Corporate Identity muss aus diesen Gründen Antwort auf folgende Fragen liefern:

- Was streben wir an? Was sind unsere ganzheitlichen Ziele? (Corporate Vision)

- Was ist unser Sinn? Unsere Bedeutung? (Corporate Relevance)

- Welche Werte vertreten wir? (Corporate Code)

- Wie verhalten wir uns? Was sind unsere Regeln? (Corporate Culture)
- Wie äußern wir uns? Wie teilen wir uns mit? (Corporate Communication)
- Wie zeigen wir uns? Wie erscheinen wir? (Corporate Design)

Yes, we must. – Die Übernahme globaler Verantwortung

„Es gibt eine künstliche Unschuld unter den Menschen, die darin besteht, dass sie ihre Verantwortung vergessen", sagt der christliche Priester und Religionsphilosoph Raimon Panikkar. „Das ist nichts anderes als Flucht vor dem Leben und feige Angst". – Wir Menschen haben uns in den vergangenen zwei Jahrhunderten einen enormen Zuwachs an Macht verschafft, auf die Welt einzuwirken. Dieser Umstand bringt es nun mit sich, dass wir in einer umfassenden Weise verantwortlich sind für die Welt, in der wir leben. Das Sich-bewusst-werden dieser Verantwortung sowie ihre Annahme ist die wohl wichtigste Voraussetzung für einen evolutiv-konstruktiven Weg in die Zukunft. Gesellschaftspolitisch bedeutet dies in erster Linie, dass wir erkennen: **Freiheit und Verantwortung sind zwei Seiten derselben Medaille!**

Der Mensch muss frei sein. Nur so kann er sich zu dem entwickeln, was er tatsächlich ist, kann sein volles Potenzial entfalten. Ebenso wie der Mensch zu seiner Entwicklung frei sein muss, so muss er andererseits das Bewusstsein für die Verantwortung seines Denkens und Handelns entwickeln, da erst „die Übernahme von Verantwortung schöpferische Teilnahme an der Gestaltung der Menschenwelt bedeutet", wie der Systemtheoretiker Charles Geoffrey Vickers präzise erkannte. Ohne diese Übernahme produziert Freiheit nicht primär Gestaltung an der Menschenwelt, sondern das individualistische Ausleben egoistischer, sogar infantil-neurotischer Verhaltensweisen, die den Freiheitsbegriff insgesamt ad absurdum führen und der westlichen Zivilisation berechtigterweise in vielen Fällen den Vorwurf der Dekadenz und Permissivität einbringen.

Das Prinzip Verantwortung darf aber nicht einfach defensiv gesehen werden, ausschließlich als Anforderung oder Verpflichtung. Es sollte vielmehr als Wesenselement erkannt werden, das für die Zukunft Innovationspotenzial in höchstem Maße besitzt. Denn das Bewusstsein der Verantwortlichkeit für die Gestaltung der Welt kann, konstruktiv aufgenommen, für Gesellschaft und Wirtschaft eine enorme Triebkraft sein für neue, echt innovative Angebote; beispielsweise im Energiebereich, im Automobilbau, im Gesundheitswesen, im Bauwesen, bei der Produktion von Nahrungsmitteln, Medikamenten oder Kleidung, um nur einige zu nennen. Ich gehe so weit zu sagen: *Das Prinzip Verantwortung ist die Innovationskraft der Zukunft schlechthin!* Es ermöglicht langfristig eine nachhaltige Wirtschaft auf ethischer Grundlage, das heißt auf gesunder Basis.

Um diese Möglichkeiten aber wahrzunehmen, muss der Blick von Managern, Aktionären und Unternehmern gelöst werden von der Fixierung auf kurzfristige Profitmaximierung oder die eigene Honorierung, der Geist sich öffnen für ein Denken jenseits der Muster eines überkommenen Materialismus. Denn die Welt wird nicht nur subjektiv neu konstruiert, sondern auch unternehmerisch verändert durch eine andere Sicht der Welt.

Jochen Röpke, deutscher Wirtschaftswissenschaftler, sagt: „Meine Vermutung ist, dass auch die kapitalistische Dynamik vom Menschen verlangt, dass er immer höhere Stufen erklimmt." Das mag ungewohnt sein, sogar anstrengend. Es lässt sich aber nicht vermeiden. Denn auch hier gelten letztlich die Gesetzmäßigkeiten der Bewusstseinsevolution. Evolutionäres Denken ist darum eine notwendige Bedingung der Weiterentwicklung marktwirtschaftlicher Systeme.

Bewusstseinssysteme – wie wirtschaftliche Unternehmen das sind – müssen eine gewisse Eigenkomplexität aufweisen. Sie müssen in der Lage sein, die Komplexität ihrer Umwelt wahrzunehmen und zu verarbeiten. Dieses Vermögen hängt von ihrer eigenen Komplexität ab. Und diese ist nur zu erreichen über die bewusstseinsmäßige, eigene Entwicklung. Tut mir leid, meine sehr verehrten Damen und Herren der Teppichetagen, aber daran kommen Sie nicht vorbei! Glücklicherweise gibt's ja Coaches, Berater, Gurus, Prediger, virtuelle Angebote im Internet – was immer Sie wünschen. Diese können allerdings nur zu evolutionärem Lernen anregen. Den Entwicklungsschritt an sich können die Ihnen nicht abnehmen, denn evolvieren kann nur jeder selbst.

Die „Entscheider im Alltag", *wir alle* in der Rolle der Konsumenten, sind gefordert unsere geistige Trägheit, Bequemlichkeit und Konditionierung zu überwinden, die dazu führen, dass wir uns wie eine Herde leiten lassen, unser Bewusstseinsniveau auf dasjenige einer Einkaufstasche reduzieren und von Sonderangebot zu Sonderangebot rennen, jegliches Verantwortungsbewusstsein vergessen lassen durch die Gier nach „mehr" und „billig". Ohne je zu fragen, auf welche Weise diese Angebote eigentlich zustande kommen, was für Werte hinter ihnen stehen und ob wir diese unterstützen wollen. Oder eben gerade nicht.

Denn als Käufer von Produkten und Dienstleistungen können wir Einfluss ausüben. Bewusst zu konsumieren ist eine ebenso hochgradig aktuelle wie effektive Möglichkeit, jeden Tag gezielt gestaltend auf die Welt hinzuwirken, in der wir leben wollen. Vielleicht heute noch utopisch klingend, lässt sich etwas überspitzt sagen, dass die tägliche bewusste und gezielte Kaufwahl via Bargeld oder Kreditkarte in Zukunft die direkteste Form der Demokratie überhaupt darstellen könnte!

Denn wenn Wirtschaft und Konsum schon die Welt in immer stärkerem Maße regieren, dann lässt sich durch gezieltes Konsumieren die Wirtschaft regieren – zumindest lenkend führen. Heute sind wir uns als Konsumenten der tatsächlich möglichen Bedeutung dieser Ebene der „Souveränität" noch viel zu wenig bewusst, handeln beim Konsumieren darum oft gedankenlos.

Wir alle gehören aber zum Wirtschaftssystem, wir alle gemeinsam sind verantwortlich dafür; nicht nur die Anbieter, die Unternehmen und ihre Produkte oder die Politiker. Diese funktionieren letztlich so, wie wir als Konsumenten und Bürger es zulassen. „Die Welt wird nicht bedroht von den Menschen, die böse sind, sondern von denen, die das Böse zulassen", erkannte Albert Einstein. Nutzen wir also unsere Möglichkeiten, um auf der Ebene des Konsums jeden Tag zu „wählen", unsere Stimme abzugeben, Verantwortung zu übernehmen.

Wir sind das Volk! – **Neue, direktere Formen bei Mitsprache- und Entscheidungsmöglichkeiten in Politik und Wirtschaft**

Globale Probleme benötigen zu ihrer Lösung die Mitwirkung möglichst vieler, ja im Grunde *aller* Menschen. – Und wenn zum Beispiel die Steuerzahler dieser Welt im Jahr 2009 Abertausende von Milliarden Euro, Franken und Dollar aufbringen mussten, um das globale Wirtschafts- und Finanzsystem vor dem Bankrott zu retten, so werden diese Steuerzahler in einer nicht sehr fernen Zukunft bei der Steuerung dieses Systems auch verstärkt Einfluss ausüben wollen.

Alles in allem läuft ein Prozess, dessen Resultate in erster Linie direktere Formen der Mitsprache- und Entscheidungsmöglichkeiten sein werden; der in seinem weiteren Verlauf wohl aber auch zu ganz neuen Formen führen wird. Wie wir sahen, verlangt die Entwicklung des Bewusstseins nach Freiheit. Das bedeutet natürlich auch: Entscheidungsfreiheit. Und nur wer direkt mitentscheiden kann, wird zudem auch bereit sein, mehr Verantwortung zu übernehmen.

Was die Ebene der Politik betrifft, so wird diese Entwicklung zu einer massiv stärkeren Forderung nach der *Direkten Demokratie* führen in den industrialisierten westlichen Ländern, die jetzt nach dem System der Repräsentativen Demokratie regiert werden. Das ist, einerseits angesichts der Vertrauens- und sonstiger Krisen im wirtschaftlich-politischen, andererseits aufgrund der entwicklungsbestimmenden Prozesse im Gesamtsystem, eine ebenso nachvollziehbare wie folgerichtige Entwicklung.

Für die Zukunft wird darum nicht in erster Linie der Glaube an politische Heilsbringer bestimmend sein, die in der Regel eh spätestens nach den ersten hundert Tagen ihren Glorienschein an der Garderobe der Alltagspolitik abgeben, ebenso wie den größten Teil ihrer Wahlversprechen. Was vor allem anderen die Qualität der Zukunft bestimmen wird, ist das verstärkte Engagement von vielen. Und das kommt nur zustande, wenn diese vielen eben *direkt* bestimmen können, was in ihrem unmittelbaren und mittelbaren Lebensumkreis stattfinden soll. Dies ist, wie kaum genug betont werden kann, auch der Weg, um das Verantwortungsbewusstsein für diese Lebenskreise zu fördern – was, wie wir bereits sahen, die größte gesellschaftspolitische Herausforderung ist.

Der Gedanke der Machtausübung ist für die Zukunft von Politik und Wirtschaft ein atavistisches Konzept. Es mag im Dschungel der Primaten nach wie vor seine Berechtigung haben, für die Anforderungen und Möglichkeiten der Zukunft und die Gesellschaft, die diese erfüllen und wahrnehmen kann, ist es aber unbrauchbar. Was für die Erfolg versprechende Zukunftsgestaltung darum notwendig ist, ist die *Erneuerung der politischen Kultur und die Evolution der politischen Prozesse.*

Teil dieser Erneuerungen auf politischer Ebene müssen längere Regierungszeiten sein, die es Regierungspolitikern ermöglichen nicht dauernd im Wahlkampf zu stehen, sondern sich auch auf längerfristig notwendige Maßnahmen konzentrieren zu können. Für die Akzeptanz und Realisation längerer Regierungszeiten ist aber ein größerer gesellschaftlicher Konsens mit den Zielen und Maßnahmen von Regierungen notwendig, als er im Großteil der demokratisch regierten Länder heute besteht. Dieser größere Konsens kann nur über direktere Mitsprache- und Entscheidungsmöglichkeiten der Regierten erreicht werden, primär also über das System der Direkten Demokratie. Die heute in den meisten demokratischen Ländern herrschende Form der Repräsentativen Demokratie ist dazu immer weniger fähig. Vor allem deshalb nicht, weil über die letzten Jahrzehnte sich bei den Regierten zunehmend der Eindruck verstärkte, dass die gewählten Repräsentanten nicht in erster Linie die Interessen der Regierten repräsentieren, sondern ihre eigenen; respektive diejenigen ihrer Parteigenossen, diejenigen von Wahlkampfspendern und anderen, zur Erhaltung und Ausübung von Macht benötigten Finanzquellen und Interessengruppen.

Eine neue, innovative Möglichkeit im Zusammenhang mit der Evolution der politischen Prozesse und dem Bedarf an direkter Mitbestimmung wäre die Einführung von *Komplementär-Parlamenten*. Die Mitglieder derselben werden, wie beispielsweise die Jurymitglieder eines Geschworenengerichtes, nach dem Zufallsprinzip bestimmt. Sie kennen sich untereinander nicht, sind auch öffentlich nicht bekannt und üben ihre Funktion nur ein Jahr lang aus. Damit ist gewährleistet, dass unter den Mitgliedern des Komplementär-Parlamentes keine Absprachen erfolgen und kein Lobbyismus stattfindet. Ihre Stimmabgabe erfolgt ausschließlich elektronisch, und sie werden vom Staat für ihre Leistung mit einem angemessenen Honorar bezahlt, sodass sie sich der politischen Vorlagen auch annehmen können. Beziehungsweise geht das Geld an den Arbeitgeber als Entschädigung für Arbeitsausfall. Die Mitglieder des Komplementär-Parlamentes sind auf diese Weise tatsächlich einfach die Stimme des Volkes.

Wenn nun hier der Einwand kommen sollte, die heutigen Gesetzes- und sonstigen Vorlagen seien für das einfache Volk zu anspruchsvoll, so kann ich dazu nur sagen: Dann müssen sie eben einfacher, verständlich werden! Das ist nur von allgemeinem Vorteil, denn etwas Kompliziertes funktioniert eh nie wirklich.

Die Anzahl der Mitglieder eines Komplementär-Parlamentes orientiert sich an soziologisch-mathematischen Modellen, wie sie zum Beispiel in der Markt- und Meinungsforschung angewendet werden. Diese zeigen, wie viele Mitglieder im Verhältnis zur Bevölkerung einen repräsentativen Querschnitt dieser Bevölkerung abgeben.

Die Entscheidungen des Komplementär-Parlamentes sind in einer Versuchsphase nicht bestimmend, bis genügend Erfahrungen mit diesem neuen System gemacht werden konnten. Wird allerdings eine größere Abweichung zwischen der Meinung des Komplementär-Parlamentes und derjenigen des offiziellen, nach wie vor gewählten Parlamentes festgestellt, so darf dieses keinen eigenen Entscheid durchsetzen. Die entsprechende Vorlage geht vielmehr zurück, zur Überarbeitung.

Man mag von dieser Idee halten, was man will. Aber es ist immerhin eine Idee, dazu eine evolutiv-konstruktive. Sowie eine, die sich grundsätzlich realisieren lässt; – und über die darum auch etwas nachgedacht werden sollte. Und ich denke, in angepasster Form ließe sich eine solche Möglichkeit der direkten Mitentscheidung auch bei wirtschaftlichen Unternehmen realisieren; allerdings müssten diese aus Gründen der statistischen Signifikanz eine entsprechende Zahl von Mitarbeitenden aufweisen.

Neues Denken braucht das Land. – **Hoher Bedarf an weitsichtiger Intelligenz**

Albert Einstein charakterisierte zu seiner Zeit das 20. Jahrhundert mit den Worten: „Wir leben in einer Zeit vollkommener Mittel und verworrener Ziele." Hat sich daran viel geändert? Wohl nur, dass die Mittel noch vollkommener geworden, die Ziele jedoch nicht weniger verworren sind. Wir brauchen aber zunehmend dringender Orientierung, um mit den Anforderungen und Möglichkeiten, die eine Zeit vollkommener Mittel mit sich bringt, konstruktiv umzugehen.

Wir können heute auf vielen lebensrelevanten Gebieten traditionelle Muster nicht einfach unkritisch und großräumig fortsetzen. Denn nur schon die schiere – und nach wie vor zunehmende – Anzahl Individuen unserer Gattung auf diesem Planeten sowie eine gegenüber der vorindustrialisierten Zeit vollkommen veränderte Lebensführung erfordern umfassend neue Einstellungen und Verhaltensweisen. Als Gebiete, wo dies dringend notwendig ist, seien hier beispielhaft genannt: Ernährungs- und Vermehrungsgewohnheiten, Energieerzeugung und -verbrauch, Arbeitsweise und -gestaltung, Mobilität, Gesundheit und Alter, um nur einige der offensichtlichsten Bereiche zu nennen.

All die auf uns zukommenden Anforderungen und Herausforderungen benötigen, neben umfassendem Konsens, neue und globale gesellschaftspolitische Visionen. Denn wir müssen ja, wie der deutsch-schwedische Philosoph Ernst Cassirer schon zu Beginn des 20. Jahrhunderts erkannte, *von einer Schicksals- zu einer Willensgemeinschaft werden*. Das bedeutet für unseren Geist zuallererst: Weg von der bewussten oder unbewussten Akzeptanz, wir seien grundsätzlich einem uneinsichtig waltenden Schicksal ausgeliefert, hin zum Bewusstsein, dass wir als Menschheit die Welt, in der wir leben, durch unseren neuronalen Geist gestalten. Es bedeutet aber auch zu wissen, wohin man will, wofür man seine Mittel und Kräfte – seine Ressourcen – einsetzen will. Voraussetzung dafür wiederum ist die Vorstellung, in welcher Welt wir eigentlich leben wollen – somit eine *Vision der gewünschten Zukunft*.

Der Begriff „Vision" leitet sich ab vom lateinischen *videre* „sehen" bzw. *visio* „Schau". Man versteht darunter entweder eine Erscheinung oder, allgemeiner, das innere Bild einer Vorstellung. Jochen Röpke definiert Vision als ein "Gelübde" mit sich selbst. Bezogen auf die Bedeutung eines inneren Bildes, ist Vision somit **ein zukunftsorientiertes Vorstellungsbild.**

Visionen sind Konstrukte, mit denen sich die „Black box" der Zukunft erleuchten lässt. Nicht durch ein Mehr an Wissen, an Daten und Informationen, sondern durch Sinngebung, Orientierung und Motivation zur ganzheitlichen Gestaltung. Denn in die Gestaltung und Umsetzung einer Vision gehen neben kognitiven und materiellen auch emotionale und spirituelle Ressourcen ein.

Visionen dienen also zur Gestaltung. In der Wirtschaft bilden sie zudem die Grundlage für die Unternehmensstrategie. Visionen haben einen *dynamischen* Charakter. Sie verändern sich im Zuge der Entwicklung und mittels derselben. Sie passen sich aber nicht einfach veränderten Markt- oder Umfeldbedingungen an, das ist Aufgabe der Strategie.

„Vision" verkam in den letzten Jahrzehnten im wirtschaftlichen Bereich mehr und mehr zu einer Plattitüde. Und auf politischem Gebiet flüchtete man sich nach dem Scheitern der visionären Gesellschaftskonzepte des 20. Jahrhunderts zunehmend in den radikalen Pragmatismus; erklärte diesen zum politischen Ideal. Die damit tatsächlich erzielten Resultate sind aber alles andere als ideal, sondern sind in zunehmendem Maße: Orientierungslosigkeit, Dominanz kurzfristigen Denkens und Handelns, die globale Ausdehnung – oder schon Diktatur – ökonomischer Prinzipien und Organisationen, die Herrschaft taktischer Intelligenz anstelle von Klugheit und Weitsicht.

Es stimmt: Durch Visionen und Visionäre wurden auch unglaubliche Katastrophen und enormes Leid über die Menschheit gebracht. Diese Art Visionäre nannten und verstanden sich primär als „Führer". Wie sich nach ihrem Niedergang herausstellte, muss man sie aber als „Verführer" bezeichnen. Aufgrund dessen spricht man in der deutschen Sprache auch von einer „Führungskraft" und nicht wie im Englischen vom „Führer" (leader).

Wir müssen heute die Furcht vor Visionen wieder ablegen. Sie ist unbegründet, wenn wir **Visionen von ideologischen Phantasien unterscheiden** können und sie als entwicklungsfähige Leitideen betrachten. Wir können den Charakter einer Vision immer beurteilen anhand ihrer *ethischen* und *humanistischen* Qualität: Ist sie ganzheitlich-konstruktiv? Fördert sie das Wohl der Menschen global, unabhängig von Geschlecht, Alter, Rasse, Hautfarbe, nationaler Zugehörigkeit, sozialem Status, Intelligenzquotient? Basiert sie auf Mitgefühl und dem Gedanken der Verbundenheit?

Wie sagte doch Einstein: „Wir leben in einer Zeit vollkommener Mittel und verworrener Ziele." Um dem Abhilfe zu schaffen, braucht es globale gesellschaftspolitische Visionen. Das bedeutet, dass wir uns auf breiter Ebene bewusst und konkret mit Fragen beschäftigen wie:

- Welche Gesellschaft wollen wir? Wie soll die Welt aussehen, in der wir in Zukunft leben wollen?
- Was ist wirklicher, „segensreicher" Fortschritt, und was ist einfach Fortschritt in der Bedeutung „weg vom Bestehenden"?
- Wie ist die Transformation in eine auf Nachhaltigkeit und soziale Gerechtigkeit für alle hin orientierte globale Kultur erreichbar?
- Wie können wir dem Fundamentalismus eindimensionaler Ideologien entkommen? Das gilt nicht nur für den religiösen Bereich. Jede, die Komplexität der Wirklichkeit leugnende oder missachtende Sicht- und Handlungsweise ist letztlich fundamentalistisch. *Auch der eindimensionale Kapitalismus ist somit eine fundamentalistische Ideologie.*

Um mit Vision führen zu können, ist es notwendig einen ganzheitlichen Ansatz zu verfolgen. Eine Vision ist nichts, was man rein analytisch erreichen kann. Denn Analyse ist per Definition „zerlegen und zergliedern". Visionäres Denken erfordert den gegenteiligen Prozess: die Erzeugung *ganzheitlicher* Bilder. Röpke sagt, eine Vision zeichne sich durch drei Eigenschaften aus:

- Sie hat Zielcharakter (> Orientierung, Gestaltung)

- Sie spendet Lebensenergie (> Sinn, Motivation)

- Sie ist ganzheitlich (> kognitiv, emotional, sozial, ideell/spirituell)

Vision ist zwar immer auf die Zukunft bezogen, ihr Sinn besteht aber gerade darin, das *Handeln in der Gegenwart zu leiten*. Denn der Mensch sieht sich dabei als gestaltender Akteur in einer von ihm hervorgebrachten zukünftigen Ausprägung der Welt. Mit einer Vision wollen wir die Gegenwart so gestalten, dass die Zukunft wird, wie wir sie jetzt anstreben. Vision ist somit eingebunden in den Prozess der Selbstentfaltung und Selbstentwicklung.

Weitsichtige Führung ist ohne Vision nicht möglich, weder individuell noch kollektiv. Wir benötigen zur Lösung zukunftsentscheidender Fragen heute sehr dringend globale Visionen. Reiner Pragmatismus und nur taktische Intelligenz reichen für eine Zukunfts*gestaltung* mit globaler Verantwortung schlichtweg nicht. Wir brauchen dazu mehr Klugheit und *Weisheit* auf den einflussreichen Positionen, sowohl in der Politik wie in der Wirtschaft. Sonst wird die Zeit vollkommener Mittel und verworrener Ziele nie zu Ende gehen.

Es wird nicht die Letzte sein. – Krisenkompetenz

Wie wir im Textteil über die Entwicklung des individuellen Bewusstseins sahen, ist Wachstum psychisch-geistiger Art immer verbunden mit Umbrüchen und Schwierigkeiten. Wesentliche Einflussfaktoren verändern sich und eine entsprechende Entwicklung respektive Anpassung muss vorgenommen werden. Das kann die Lebensumstände dramatisch verändern. – Kurz: Man steht in einer Krise!

Wohl jeder von uns kennt aus seinem eigenen Leben Krisensituationen und die damit verbundenen Zustände und Erscheinungen, wie beispielsweise Unsicherheit, Ängste, Unklarheit, Zerrissenheit, Desorientierung. Am ehesten von seiner Pubertät her. Die etwas Älteren kennen zumeist auch die so genannte „Midlife-Crisis". Sie trägt ihren Namen zu Recht, denn es handelt sich um eine Umbruchsituation, deren typische Symptome ebenfalls Verunsicherung und Desorientierung sind. Man ist in dieser Phase des Lebens nicht mehr wirklich jung, aber auch nicht alt. Die Werte der Jugend locken einerseits noch, andererseits spürt man mehr als man weiß, dass sie nicht mehr gültig sind, nicht mehr gültig sein dürfen. Andernfalls tritt Stillstand ein in der psychisch-geistigen Entwicklung. Oftmals fällt ein Mensch sogar auf eine frühere Bewusstseinsstufe zurück: Die Gefahr der Altersinfantilität droht. Aber auch das Gegenteil kann die Folge sein: Frühsenilität, in der wir uns gegen alle Veränderungen, alle Erneuerungen ablehnend verhalten. Diese Gesetzmäßigkeiten gelten aber nicht nur auf der personalen Ebene, sondern ebenso auf der kollektiven und transpersonalen.

Jede Strukturbildung, äußere wie innere – somit auch Denkstrukturen – weist ja eine inhärente Tendenz zur Verhärtung, Verkrustung auf. Veränderungen im Bewusstseinsprozess erfolgen dann in der Regel nur aufgrund des Druckes „äußerer Verhältnisse". Inwiefern diese aber tatsächlich als äußerlich zu sehen sind, muss aufgrund der Erkenntnisse über die Bedeutung unbewusster Prozesse in der individuellen wie kollektiven Psyche zumindest stark in Frage gestellt werden – sehr stark sogar!

Da der Begriff „Krise" im allgemeinen Sprachgebrauch ausschließlich negativ besetzt ist, nehmen wir auch nur die „negativen" Aspekte eines tiefer gehenden Umbruchs wahr – und dadurch wird er für uns ausschließlich negativ. Bei einer nicht destruktiven Sichtweise sind Krisen effektiv das, was die größten Fortschritte in der Bewusstseinsentwicklung schafft. Auch dies gilt sowohl für die Krise des Einzelnen wie auch für die gesellschaftskulturellen Krisen, denn beide unterstehen ja grundsätzlich denselben psychischen Gesetzmäßigkeiten. Lösen wir uns vom bedrückenden Bild des mit Krisen häufig verbundenen Leids, betrachten das Thema rein akademisch unter seinem entwicklungstechnischen Aspekt, sehen wir auch, dass eine Krise *nie* den allgemeinen Untergang bedeutet. Genauso wenig ist längerfristig eine zwangsläufige Verschlechterung damit verbunden. Bei Menschen, die sich bewusst und konstruktiv mit einer Krise, ihren Inhalten und den sie verursachenden Faktoren auseinandersetzen, führt dieser Prozess zum produktiven Ergebnis einer sensitiveren Wahrnehmung, größerer Differenziertheit und Komplexität.

Und wie geht man um mit Krisen? Was bedeutet „Krisenkompetenz" in concreto?

Voraussetzung für Krisenkompetenz ist 1. die Fähigkeit, die wirklichen Ursachen von Krisen wahrzunehmen, nämlich die veralteten (Denk-) Strukturen. Und 2. Denkinhalte, die in Krisen Orientierung ermöglichen, es erlauben, mit Unsicherheit und Instabilität umzugehen. Dazu gehört, Krisen als das zu sehen, was sie in Wirklichkeit sind: Wachstumserscheinungen; eine Herausforderung an den menschlichen Geist, seine Kreativität und schöpferische Anpassungsfähigkeit.

Und weil es so wichtig ist, sei es hier nochmals erwähnt: Die destruktive Sichtweise von Krisen macht uns zu Opfern, die konstruktive zu Mitgestaltern am Prozess der Evolution. Dies ist der alles entscheidende Unterschied. Jede tiefer gehende Krise ist ebenso sehr eine Frage des Vertrauens in die Gesetzmäßigkeiten des Lebens, wie sie eine Herausforderung an die Fähigkeit zur schöpferisch-intelligenten Anpassung darstellt. Die konstruktive Grundhaltung gegenüber einer Krisensituation, die bewusste Auseinandersetzung mit ihren Gründen und Inhalten sowie die Akzeptanz eines damit verbundenen Wandlungsprozesses sind die entscheidenden Faktoren für die einzig *wirkliche* Krisenbewältigung. Eine ausschließlich „technische" Anpassung hilft dagegen nur beim kurzfristigen Überleben.

Krisen*auswirkungen* stehen in einem reziproken Verhältnis zur *Aktualität* des herrschenden Bewusstseins. Das bedeutet: Je weniger Übereinstimmung zwischen den herrschenden Denkstrukturen und Bewusstseinsinhalten besteht mit den für einen Entwicklungs- und Anpassungsprozess notwendigen, desto dramatischer sind die Auswirkungen von Krisen. Denn diese werden ja durch jede der Situation inadäquate Handlung verstärkt. Hat das Bewusstsein den entsprechenden Entwicklungsschritt durch die Folgen der Krise gemacht, die Anpassung an die neue Situation vorgenommen, so verschwindet die Krise. Und neues Wachstum, neue qualitative Prosperität stellt sich ein. – Sie erinnern sich in diesem Zusammenhang vielleicht an die Gesetzmäßigkeiten eines Kondratieff-Zyklus. Es handelt sich genau um denselben Prozess, nur basierend auf einem anderen Denk- und Begriffssystem.

Luxus ist out. – Soziales Engagement ist in

Luxus (lat.: luxus Verschwendung, Liederlichkeit) bezeichnet Verhaltensweisen, Aufwendungen oder Ausstattungen, welche massiv über den allgemeinen Standard hinausgehen bzw. über das in einer Gesellschaft als notwendig und für sinnvoll erachtete Maß an Lebensqualität. Luxus demonstriert eine Lebensform, die sich über Erfolgs- und Statussymbole definiert und repräsentiert. Deshalb sind Luxusgüter meist nur auf der Grundlage einer entsprechenden Ausstattung mit Macht oder Reichtum zu erwerben.

Der Begriff **Lebensqualität** bezeichnet üblicherweise die Faktoren, welche die Lebensbedingungen in einer Gesellschaft beziehungsweise für deren Individuen ausmachen. Im allgemeinen Sprachgebrauch wird Lebensqualität vorwiegend als *Grad des Wohlbefindens* eines Menschen oder einer Gruppe von Menschen beschrieben. Ein wesentlicher Faktor von Lebensqualität ist materieller Wohlstand, daneben gibt es aber eine Reihe von weiteren Faktoren wie beispielsweise Bildung, Berufschancen, Gesundheit und anderes mehr.

Es zeigte sich, dass Lebensqualität eine starke Auswirkung auf die psychisch-geistige Entwicklung hat. Unter anderem wird dies deutlich anhand der Forschungen von James DeMeo und Wilhelm Reich, wie wir im Textteil über die Entstehung der patristisch-patriarchalen Epoche gesehen haben. Ebenso ist in diesem Zusammenhang einleuchtend: Wenn der Mensch nicht mehr täglich ausschließlich mit dem Kampf ums Überleben zu tun hat, sondern sich verstärkt mit Bildung, Information, Forschung, Kommunikation beschäftigen kann, entwickelt sich das Bewusstsein schneller. Und auch hier gilt natürlich: kollektiv wie individuell.

Das sich konkretisierende Wertespektrum des postmaterialistischen Zeitalters wird an die Eliten und individuellen Führungspersönlichkeiten wesentlich andere Anforderungen stellen als an diejenigen der materialistischen Epoche, wenn sie Ansehen und Einfluss erreichen oder behalten wollen. Die einfache Demonstration von materiellem Luxus und Reichtum wird mit Sicherheit dazu nicht mehr genügen, ja sogar hinderlich sein. Denn Luxus und materieller Reichtum ohne wahrnehmbares soziales Engagement wird in Zukunft mehr und mehr als *unsittlich* gesehen werden.

Ich möchte in diesem Zusammenhang auch an die von Arthur Schult definierten Charakteristika des Wassermann-Zeitalters erinnern. Schult sagte ja, dass die materiellen Mittel, die Finanzen, die Art der Wirtschaft, alle Formen des Besitzes in diesem Zyklus fließend werden. Anstelle der Anhäufung individuellen Reichtums werde das Ideal der Gütergemeinschaft angestrebt. Zudem werde sich ein „Sozialevangelium" entwickeln, das hervor wachse aus einer Synthese aus Sozialismus und Kapitalismus. Anhäufung von Privateigentum werde darin als unmoralisch gelten, als Verstoß gegen die globale Gemeinschaft. Der Begriff des Ketzers werde so von einem religiösen zu einem sozialen Begriff.

Es könnte in der Zukunft anscheinend etwas ruppig werden für Leute, die denken, Geld und Vermögen habe den alleinigen Zweck, Luxusyachten auf dem Mittelmeer, millionenschwere Fussballklubs oder andere, zur Förderung der globalen Lebensqualität nicht unbedingt sehr effektive Späße zu finanzieren. Wie es scheint, vertrauen diese Leute dem altrömischen Regentschaftsprinzip „Panem et circenses" etwas zu sehr. Denn Rom ging letztlich ja zugrunde. Und interessanterweise gerade auch deshalb, weil seine Elite nicht in der Lage war, die Förderung des allgemeinen Lebensstandards zum politischen Leitprinzip zu machen und somit die gesellschaftlichen und politischen Strukturen zu rechtfertigen.

Als wir mal so über Luxus, Schönheit, Botox und gesellschaftliche Werte diskutierten, informierte mich ein Freund, Anselm Grün habe Folgendes erklärt: Einen Ferrari zu haben sei okay, drei Ferraris zu haben sei hingegen ein Ausdruck geistiger Gestörtheit. Von welchem Geisteszustand ist dann wohl bei einem Menschen wie dem russischen Herrn A. auszugehen, der drei Yachten, jede fünfzig Meter lang und ebenso viele Millionen teuer, sein eigen nennt? Vielleicht hat Anselm Grün ja recht. Persönlich sehe ich das etwas großzügiger: Einer, zwei oder drei Ferraris – was soll's? Viel entscheidender ist doch, ob daneben auch ein entsprechend zählbares soziales Engagement stattfindet, das dem allgemeinen Wohl dient!

Einen Gedanken möchte ich zu diesem Themenpunkt noch anbringen. Er mag einem vielleicht etwas exotisch, vielleicht gar störend erscheinen. Aber eine gewisse Verstörung hin und wieder schadet nicht, sie kann sogar sehr anregend sein. Über drei Milliarden Menschen auf der Welt glauben in irgendeiner Form daran, dass man auf diesem Planeten immer wieder geboren wird, reinkarniert, wie das fachsprachlich heißt. Dass wir in unserem westlichen Kulturkreis dies mehrheitlich nicht glauben, liegt nicht daran, dass wir es besser wüssten, sondern an einer Form von ideologischem Kulturchauvinismus. Denn irgendwelche abschließenden Beweise, dass Reinkarnation nicht möglich ist, existieren nicht. Also muss neutral betrachtet, ohne kulturbedingte Voreingenommenheit, nur schon aufgrund statistischer Wahrscheinlichkeitskriterien eine 50-prozentige Wahrscheinlichkeit von Reinkarnation angenommen werden. – Bis hierher klingt alles ziemlich einleuchtend, nicht wahr? – Nun kommen wir zum Kern, warum ich diese Ausführungen überhaupt mache: Wenn ich tatsächlich immer wieder geboren werden sollte, so kann es mich schon allein aus eigennützigen Überlegungen nicht einfach kalt lassen, wie sich die sozialen Verhältnisse global entwickeln, denn ich werde in einer nächsten Reinkarnation wieder mit diesen zu tun haben, in diese hineingeboren werden. Und da ich im aktuellen Leben nicht weiß, in welcher Zeitperiode, welchem Erdteil, welcher sozialen Klasse, welchem Geschlecht oder Gesundheitszustand ich wiedergeboren werde, ist es wohl am klügsten, dafür zu sorgen, dass die Lebensumstände sich überall auf der Welt verbessern und für alle einen guten Standard erreichen, sodass das enorme soziale Gefälle, wie es heute besteht, nicht mehr existiert. Dann spielt es gar keine so große Rolle mehr, wo ich wiedergeboren werde – überall ist es gut! Und noch was: Das tibetanische Totenbuch sagt, man könne bereits nach 49 Tagen wiedergeboren werden.

Darum, liebe Ferrari-Fahrer: Schieben Sie Ihr soziales Engagement nicht länger hinaus. Sonst lenken sie im nächsten Leben vielleicht nur noch eine mit großen Steinen gefüllte rote Schubkarre! Und das schon als Fünfjähriger und für den Rest Ihres Lebens. Denn Schulen gibt's da wegen Ihrem fehlenden sozialen Engagement im letzten Leben immer noch keine!

Geht's um die Wurst? – Neue Ernährungsgewohnheiten

Wir können nicht länger die Meere tot fischen, die Regenwälder abholzen, um auf deren Flächen dann Soja anzupflanzen für die „Fleischproduktion" der reichen Länder. Das ist nicht einfach nur ethisch und moralisch nicht vertretbar, sondern auch ziemlich dumm. Denn wir zerstören so zunehmend unsere eigenen Existenzgrundlagen, wie auch die Artenvielfalt, die zu einer ausgewogenen Balance – und damit relativen Stabilität – lebensnotwendig ist.

Einerseits habe ich das Gefühl, dass man heute in einem Buch das die Zukunft behandelt, über diese Dinge gar nicht mehr zu reden brauchte. Sie müssten schon seit Längerem Allgemeingut des Bewusstseins sein. Andererseits: Wer richtet sich tatsächlich nach den Erkenntnissen der jüngeren Vergangenheit? Wer orientiert sein tägliches Handeln daran?

Wir brauchen eine ganz neue Einstellung zu unserer Ernährung, ebenso drastisch veränderte Ernährungsgewohnheiten. Denn auch hier gilt: Wir sind einfach zu viele, um traditionelle Verhaltensmuster und Gewohnheiten weiterzuführen.

Das bedeutet konkret: Wir benötigen dringend attraktive Angebote als Alternative zu Fleisch und Fisch. Denn nur dann werden die Menschen auch bereit sein, ihr Verhalten zu ändern. Mit Angebot meine ich nicht nur neue Produkte, sondern einen Lebensstil, ein Lebenskonzept. Dazu gehört beispielsweise, dass es „chic" wird, sich vegetarisch zu ernähren. Neben attraktiven Produkten braucht es also populäre Vorbilder, die Identifikation ermöglichen und Trends initiieren oder verstärken können. Die heutigen vegetarischen Angebote in Restaurants oder Supermärkten sind leider, bis auf wenige Ausnahmen, zumeist alles andere als reizvoll.

All das bietet ein enormes Potenzial für innovative Ideen und Angebote. Denn trotz heute noch vorhandener Schwierigkeiten was das Angebot angeht, wird der Vegetarismus zu den globalen Megatrends des 21. Jahrhunderts gehören. Erstens aus den genannten rationalen Gründen. Der zweite Grund dafür ist: Durch unsere eigene psychisch-geistige Entwicklung kommen wir zu einer revolutionär anderen Sichtweise und Einstellung gegenüber den Lebewesen auf unserem Planeten. Als deren Folge werden sich die heutigen groben, ja häufig geradezu „barbarisch" zu nennenden Einstellungen und Verhaltensweisen gegenüber so genannten Nutztieren nicht mehr aufrecht halten lassen. Sie werden uns psychisch zu stark strapazieren, uns krank machen. Dass dies so sein wird, daran ist nicht zu zweifeln, denn die Wahrnehmung höherer Komplexität führt letztlich zwangsläufig zu höherer Sensibilität. Und aufgrund dessen leidet der Mensch stärker unter dem Leid anderer. Nicht nur unter demjenigen von anderen Menschen, auch dem von Tieren.

Nicht die Pille. – Starke Veränderungen im Gesundheitswesen

Hier wird die *Eigenverantwortung*, sowohl für das gesund wie auch für das krank sein, in Zukunft ins Zentrum rücken. Dies ist die logische Konsequenz einer ganzheitlichen Sicht- und Wahrnehmungsweise, die durch das postmaterialistische Paradigma, wo jegliche Formen materieller Phänomene von Welt und Wirklichkeit durch fundamentale immaterielle Beziehungen hervorgebracht werden, sich zwangsläufig im allgemeinen Bewusstsein durchsetzen wird. Zum Ausdruck gebracht wird dies auch in Form des Bedürfnisses nach „ganzheitlicher Gesundheit", das für den nächsten Kondratieff-Zyklus charakteristisch ist. Dadurch wird auf dem Gebiet psychischer Prävention und Heilung ein großer Bedarf entstehen, in Form von Information und Bildung.

Das zunehmend breitere Verständnis der fundamentalen Bedeutung des Informations- respektive geistigen Prinzips für sämtliche physischen Phänomene und Prozesse wird die sogenannten alternativen Heilmethoden in einem neuen Licht erscheinen lassen; und ihnen gleichzeitig einen enormen Bedeutungszuwachs verschaffen.

Wenn wir uns zusätzlich in Erinnerung rufen, was Schult bezüglich der menschlichen Gesundheit im Wassermann-Zyklus voraussagt, so wird diese Entwicklung noch plausibler. Das Wassermann-Zeitalter werde eine große, seelische und geistige Beweglichkeit erfordern, die bei vielen Menschen zu einer psychischen Anspannung führe. Der Mensch des Wassermann-Zeitalters werde vor allem durch die Überspannung des Bewusstseins und der Nervenkräfte in vielfacher Weise der Erschöpfung und Erkrankung ausgesetzt sein. Die Hauptkrankheiten beruhten dabei auf Störungen des vegetativen Nervensystems und auf Störungen des „ätherischen", nicht primär des physischen Körpers.

Es ist alles ganz anders. – **Wir werden durch den Wandlungsprozess auch die Revolution des herrschenden allgemeinen Weltbildes erfahren**

Das neue Weltbild wird geprägt werden von der Tatsache, dass im Zuge naturwissenschaftlicher Forschung und daraus folgender Erkenntnisse die heute noch vorherrschende Trennung zwischen Physik und Metaphysik zunehmend verschwinden wird. Dadurch einer Sichtweise der Struktur der Wirklichkeit Platz macht, die diesbezügliche traditionelle disziplinäre Abtrennungen sinnlos werden lässt. Als Folge dieses Prozesses werden sich insbesondere religiöse Vorstellungen radikal verändern. Damit ist aber nicht die immer wieder mal durch die Medien geisternde „Weltformel", respektive „Gottesformel" gemeint.

Paul Davies sagt im Hinblick auf eine solche – und generell bezogen auf die Suche nach logischen Erklärungsmodellen durch die Wissenschaft, die einen letzten und absoluten Erkenntnisanspruch verfolgen –, diese sei zum Scheitern bestimmt. Zwar sei nicht auszuschließen, dass es ein solches Ding „dort draußen" abstrakt gebe. Seine prinzipielle Existenz könnte uns sogar bekannt sein, und wir könnten Teile davon kennenlernen. Aber wir können nie seine ganze Form durch logisches Denken erkennen. Warum das unmöglich ist, bewies ja Kurt Gödel mit seiner Entdeckung des *Unvollständigkeitstheorems*.

Die Denker des fortschrittsorientierten Materialismus hatten bis zu Gödels Entdeckung das Universum als eine riesige vorprogrammierte Maschine gesehen. Sie hatten optimistisch vorausgesagt, dass die Wissenschaft schon bald alle Regeln und Gesetze dieser Maschine kennen würde und damit in der Lage sein werde, präzise Aussagen sowohl über die Struktur der Wirklichkeit wie auch zukünftiger Entwicklungen zu machen. Auch die meisten Mathematiker und Physiker glaubten, dass man eines Tages eine endgültige Form der Mathematik formulieren könne, die keine Fragen mehr unbeantwortet lässt und nicht mehr verbessert werden kann. Und damit war die Hoffnung verbunden, diese Mathematik werde die Weltformel hervorbringen, die alle beobachtbaren Phänomene logisch erklärt. Davon spricht heute kein ernst zu nehmender Wissenschaftler mehr. Selbst wenn mal so etwas Ähnliches gefunden werden sollte, so werde dies nur auf der Ebene einfacher physikalischer Prozesse eine Vereinheitlichung bringen – und damit unendlich viel weniger erklären, als der Begriff „Weltformel" suggeriere, sagt Rolf Landua. Der deutsche Mathematiker Martin Grötschel dazu: „Nein, eine Weltformel gibt es nicht. Die Mathematik fühlt sich nicht berufen, Gott zu erklären. Wir beschreiben, wie wir die Welt verstehen, nicht wie sie ist. Wie die Welt wirklich ist, das weiß Gott allein."

Denn Gödels Entdeckung, das Unvollständigkeitstheorem, besagt ja: Selbst in einem widerspruchsfreien logischen System gibt es immer Aussagen, die sich weder beweisen noch widerlegen lassen. Jedes formale System wird irgendwann zu bestimmten Problemen führen, die auf seiner Grundlage nicht gelöst werden können. Denn man kann die Wahrheit oder Richtigkeit einer logischen Konstruktion nicht von innen heraus begründen. Man muss außerhalb des Systems stehen, um sagen zu können: „Es ist konsistent. Es ist kohärent." – **Unbeweisbarkeit und Unentscheidbarkeit sind Grundzüge unserer Welt.** Denn die Wirklichkeit ist immer „größer" als das logisch Denkbare und Beweisbare.

Eine große Veränderung im gesamten naturwissenschaftlichen Weltbild erfolgte zu Anfang des 20. Jahrhunderts. Albert Einstein revolutionierte die seit Jahrtausenden unangefochtene Vorstellung von Raum und Zeit. Denn er konnte beweisen, dass Raum und Zeit voneinander abhängige Größen sind. In seiner Allgemeinen Relativitätstheorie vertrat er zudem die These, dass der Raum nicht einfach nur der leere Rahmen ist, innerhalb dessen die physikalischen Phänomene sich abspielen: Der Raum sei vielmehr selbst die Substanz, aus der jene Phänomene bestehen. Der Raum kann sich aber zu Formen „krümmen". Und diese Formen sind es, die wir als die äußere und darstellbare Erscheinung der physikalischen Phänomene kennen. Alle materiellen Erscheinungen entstehen somit ausschließlich aus unterschiedlichen Formen des Raumes. Ein *Elementarteilchen* – welches die Basis der Materie darstellt – ist demnach eine in besonderer Art gekrümmte Stelle des Raumes, an dem extrem begrenzten Ort, an dem sich dieses „Teilchen" befindet. In analoger Weise entpuppen sich auch elektromagnetische Wellen, Schwerkraft und ganz allgemein sämtliche bekannten physikalischen Phänomene als gekrümmte und bewegte Stellen oder Regionen des Raumes. So seltsam das alles dem Alltagsverstand wohl erscheinen mag: Alle Experimente, die seit 1905 angestellt wurden, um die Allgemeine Relativitätstheorie nachzuprüfen, haben diese Interpretation Einsteins bestätigt.

Die radikale Veränderung im rationalistisch geprägten naturwissenschaftlichen Weltbild der Neuzeit erfolgte dann in den 20er- und 30er-Jahren des letzten Jahrhunderts. Also im selben Zeitraum, in welchem Gödel auf dem Gebiet der Mathematik die grundsätzlichen Grenzen der

Erkenntnisfähigkeit logischer Systeme aufzeigte. Es waren die Entdeckungen der **Quantenphysik**, derjenigen Physik, welche die Welt im ganz Kleinen, im subatomaren Bereich beschreibt. Sie bildet das Gegenstück zur klassischen Physik Newtons und der Relativitätstheorie Einsteins, welche die Welt in der alltäglichen und der kosmischen Größenordnung unseres Wahrnehmungsbereiches beschreiben.

Niels Bohr, einer der „Väter" der Quantenphysik, machte zurzeit ihrer Entdeckung die Aussage: „Wer über die Quantentheorie nicht entsetzt ist, der hat sie nicht verstanden." Tatsächlich war die Quantenphysik zu ihrer Zeit etwas ebenso Revolutionäres in der Wissenschaft, wie im Kontext der vorherigen physikalischen Weltsicht Unverständliches. Dass die Quantenphysik aber insgesamt relevant ist, zeigt sich daran, dass mit ihrer Hilfe zahlreiche Phänomene erklärt und neue vorhergesagt werden konnten, die sich zwar der direkten Anschaulichkeit entziehen, mathematisch jedoch präzise beschreibbar sind, experimentell bestätigt wurden und in heutigen technischen Bereichen vielfach Anwendung finden. Zum Beispiel in der modernen Kommunikationstechnologie, die ohne die Richtigkeit quantenphysikalischer Erkenntnisse nicht möglich wäre. Die Quantenphysik ist darum eine der Hauptsäulen der modernen Physik.

Wodurch unterscheidet sich nun die Quantenphysik von der klassischen Physik Newtons oder Einsteins? Und warum war sie für das mechanistisch-rationale Weltbild ein Schock? – Sie hat entdeckt, dass die Welt nicht streng kausal und deterministisch ist, damit ihre Phänomene *prinzipiell* nicht präzise voraussagbar und zu berechnen sind; und dass die Wirklichkeit nicht objektiv beschrieben werden kann. Denn sie zeigte, dass man die absolute Trennung von Subjekt und Objekt, auf der die klassische Physik beruht, nicht absolut setzen kann. Wir beeinflussen nämlich die Antworten, die wir von der Natur erhalten, durch die Art und Weise unserer Experimente sowie die Art der Fragen und wie wir sie stellen. Die Quantenphysik entdeckte auch, dass die Welt, der Kosmos eine komplexe Ganzheit ist, in dem letztlich alles allseitig miteinander verbunden ist. Sie erinnern sich sicher in diesem Zusammenhang an die Aussage George Leonards: „Damit die Quantentheorie wirklich funktioniert, muss jedes Elektron, umgangssprachlich formuliert, ‚wissen', was es tun soll. Es ist, als ob sich an jedem Punkt jedes elektromagnetischen Feldes ein winziger Supercomputer befände, der ständig alles berechnet, was im Universum vor sich geht.... In einem solchen Universum stehen die Informationen über das Ganze an jedem Punkt zur Verfügung."

Sie ist schon eine ziemlich eigenartige Sache, die Quantenphysik. Sie vollständiger zu erklären, kann hier nicht das Ziel sein. Schon deshalb nicht, weil sie bis heute eigentlich von niemandem wirklich vollständig definiert werden kann. Beschränken wir uns im Folgenden darum auf die Darlegung einiger ihrer für diesen Themenpunkt, nämlich die zukünftige Synthese von Physik und Metaphysik und die Revolution des allgemeinen Weltbildes, relevanten Erkenntnisse. Und auf solche Aspekte, die im Zusammenhang mit der Belegung der These der vier bestimmenden Zeitströmungen stehen.

Wie wir sahen, wies Einstein nach, dass Raum und Zeit im Grunde nur unterschiedliche Beschreibungsmöglichkeiten spezifischer Eigenschaften des *physikalischen* Universums sind. Damit ist implizit verbunden, dass mögliche andersdimensionale „Räume" nicht den gleichen Gesetzmäßigkeiten wie „unser" Raum unterstehen; dasselbe gilt dementsprechend auch für die Zeit. Das mag einem wie pure Science-Fiction vorkommen. Dass solche anderen Dimensionen mit größter Wahrscheinlichkeit aber tatsächlich existieren, zeigen inzwischen viele Arbeiten auf dem Gebiet der Mathematik und der Physik.

Eines der Grundthemen der letzten Jahrzehnte physikalischer Forschung ist nämlich die Erkenntnis, dass die heutigen Naturgesetze einfacher und eleganter werden, wenn man sie in höheren Dimensionen ausdrückt, die damit anscheinend die natürliche Heimat dieser Gesetze sind. „Viele führende Physiker glauben heute, dass es mehr Dimensionen als die üblichen vier von Raum und Zeit geben könnte", sagt Michio Kaku, ein amerikanischer Physiker. So ist die Idee der Mehr- oder Multidimensionalität zu einem Brennpunkt intensiver wissenschaftlicher Forschung geworden. Viele theoretische Physiker vertreten mittlerweile die Auffassung, höhere Dimensionen könnten der entscheidende Schritt zum Entwurf einer umfassenderen Theorie sein – einer so genannten Hyperraumtheorie.

Höhere Dimensionen seien überall um uns vorhanden, erklärt der Mathematiker Rudolf von Bitter Rucker. Physiker und Mathematiker rechneten mit ihnen, Philosophen und Mystiker meditierten über sie. Die zusätzlichen Dimensionen seien integraler Bestandteil so mancher geachteten wissenschaftlichen Theorie, spielten aber auch auf weniger hoch angesehenen Gebieten wie Spiritismus und Science-Fiction eine Rolle. Rucker meint, dass unsere physischen Körper sich in dem physikalischen Raum bewegen, den wir Universum nennen, unser Bewusstsein hingegen in einem geistigen Raum wandert. Was bedeute, dass der Geist nicht nur Teil unserer normaldimensionalen Alltagswelt sei, sondern Bestandteil und Teilhaber multidimensionaler Wirklichkeitsräume. (Sie erinnern sich: Bewusstsein kommt ja vom lateinischen *conscientia*, was „Mitwissen" bedeutet.) Betrachteten wir nämlich Empfindungen und Gedanken als das Primäre, gäbe es keinen Grund, uns auf drei Raumdimensionen und eine Zeitdimension zu beschränken. Denn diese leisteten nichts weiter als die abstrakte Beschreibung der Bewegungen materieller Objekte. Bezogen auf die vermutete Mehrdimensionalität des Geistes, sagt Rucker, gebe es viele gute Gründe zu sagen, dass wir selbst Wesen von mehreren Dimensionen sind, nur mit einer Seite, das heißt mit einem kleinen Teil unseres Seins, der dritten Dimension zugewandt. Nur dieser Teil von uns lebt in drei Dimensionen, und nur dieses physischen Teils unseres Körpers sind wir uns bewusst. Der größere Teil unseres Seins lebt in einer höheren Dimension, doch dieses größeren Teils sind wir nicht gewahr. Noch zutreffender wäre es zu sagen, dass wir in einer mehrdimensionalen Welt leben, unserer selbst aber nur in der dreidimensionalen Welt bewusst sind. – Wir leben demnach also unter bestimmten Umständen, bilden uns aber ein, wir lebten unter anderen!

Auch Fred Alan Wolf meint, unser Geist sei auf viele Dimensionen, viele Wirklichkeiten eingestimmt oder einstimmbar. Der Geist könne aus diesem Grund Zeitschranken überwinden, die Zukunft fühlen und die Vergangenheit neu bewerten. Denn unser Geist sei eine Zeitmaschine, die den Fluss der Möglichkeitswellen der Wirklichkeit sowohl aus der Vergangenheit wie auch aus der Zukunft fühlen könne. Auch in Wolfs Sichtweise besteht die Wirklichkeit aus einem gigantischen Superraum – dem Raum aller Möglichkeiten. In diesem Raum ströme etwas, das Geist genannt werde und frei assoziieren könne. Und dieser Geist umfasse eben verschiedene Dimensionen.

Jede höhere Dimension enthält jeweils alle niedrigeren. Höherdimensionale Räume lassen sich aber leider nicht sichtbar machen, und ihre Eigenschaften zu verstehen übersteigt unser gegenwärtiges Begriffsvermögen. Rolf Landua hierzu: „Ich kenne keinen Physiker, der von sich behaupten würde, eine anschauliche Vorstellung von höherdimensionalen Räumen zu haben. Die Evolution hat unsere räumliche Vorstellungskraft geprägt. Da auf menschlichen Größenskalen alles dreidimensional zugeht, wäre es sinnlos und vielleicht sogar gefährlich gewesen, Lebewesen mit einer höherdimensionalen Anschauungskraft auszustatten. Es ist aber nicht schwer, ein mathematisches Modell solcher Räume zu entwerfen."

Der deutsche Physiker Hermann von Helmholtz hat das Unvermögen, zusätzliche Dimensionen zu sehen, mit der Unmöglichkeit verglichen, dass sich ein blind geborener Mensch einen Begriff von Farben machen könnte: „Wir mögen dem Blinden ‚Rot' noch so anschaulich beschreiben, Worte können die Bedeutung eines so erfahrungsträchtigen Begriffs wie desjenigen der Farbe nicht transportieren. Selbst altgediente Mathematiker und theoretische Physiker, die sich jahrelang mit höherdimensionalen Räumen beschäftigt haben, geben zu, dass sie sich kein Bild von ihnen machen können. Stattdessen nehmen sie Zuflucht zur Welt der mathematischen Gleichungen. Doch während Mathematiker, Physiker und Computer kein Problem damit haben, Gleichungen im mehrdimensionalen Raum zu lösen, können sich Menschen beim besten Willen keine Universen jenseits ihres eigenen vorstellen."

Vielleicht hilft dazu etwas aus einem ganz anderen Gebiet weiter, aus der Kunst nämlich. Denn hier gibt es bezüglich der Raumvorstellung anschauliche Entwicklungen. Im Mittelalter zeichnete sich beispielsweise die religiöse Malerei durch einen absichtlichen Verzicht auf die Perspektive aus. In diesen Bildern spiegelte sich die Auffassung wider, dass Gott allmächtig sei und deshalb alle Bereiche unserer Welt gleichermaßen einsehen könne. Aus diesem Grund wurde die Welt zweidimensional gemalt. Die Epoche der Renaissance (14. bis 17. Jahrhundert) entdeckte dann die dritte Dimension in der Malerei wieder; war damit gleichzeitig ein Aufstand gegen die nur gottzentrierte Perspektive und der Beginn einer Kunst, die wieder aus dem Blickwinkel des Menschen gemalt wurde. Der Kubismus zu Beginn des 20. Jahrhunderts war wiederum eine Art Revolte gegen diese Perspektive. Er war Ausdruck eines neuen dimensionalen Verständnisses und bemächtigte sich der „vierten" Dimension, weil sie die dritte Dimension aus allen denkbaren Perspektiven erfasst. Besonders die Bilder Pablo Picassos sind beispielhaft dafür, denn sie zeigen eine entschiedene Ablehnung der Perspektive, wenn etwa Frauengesichter gleichzeitig aus verschiedenen Blickwinkeln dargestellt werden. Statt einen einzigen Standpunkt zu wählen, lässt Picasso in seinen Gemälden mehrere Perspektiven erkennen, als habe sie jemand aus einer anderen Dimension gemalt, der in der Lage ist, alle Perspektiven gleichzeitig zu sehen.

Existiert in der Naturwissenschaft, neben den mathematisch-theoretischen Modellen, ein *experimenteller* Beweis für zusätzliche Dimensionen? – Bis jetzt noch nicht. Man weiß nur, dass Newtons Gesetz bei Abständen in Bereichen ab Zehntelmillimetern oder mehr gültig ist. Ob es auch bei kleineren Abständen – von einem Hundertstelmillimeter oder einem Atomdurchmesser – gilt, ist unbekannt. Denn die Gravitationskraft zwischen mikroskopischen Objekten ist extrem klein und bei diesen Abständen praktisch nicht mehr messbar. Rolf Landua sagt dazu: „Deshalb könnte der Raum für sehr kleine Abstände mehrdimensional sein, ohne dass wir es bisher gemerkt hätten."

Für große Abstände ist unser Raum dreidimensional. Es gibt dafür sogar einen physikalischen Beweis: Nur dann nämlich ist das Gravitationsgesetz gültig. Bei mehr als drei Dimensionen wären die Planetenbahnen instabil, und über kurz oder lang würden alle Planeten entweder in die Sonne stürzen oder sich ins endlose Universum davonmachen. Das bedeutet allerdings nur, dass für die Entstehung *physikalischer* Gebilde und Formen drei Dimensionen eine Notwendigkeit sind.

Der französische Physiker Jean E. Charon äußerte mal die Überzeugung, dass in dem Augenblick, in dem es möglich sein wird, in physikalischer Terminologie über Geist und Bewusstsein zu sprechen, alle traditionellen Fragen der Metaphysik sich mit größerer Dringlichkeit stellen werden als je zuvor, und es dann unumgänglich notwendig sein werde, in klarer Form Stellung zu nehmen, was in der neu geschaffenen Terminologie die Begriffe Geist, Seele, Leben, Bewusstsein, Tod oder Gott bedeuten.

Stichwort: „Geist". Hans-Peter Dürr spricht über diesen und wie ihn die moderne Physik heute sieht folgendermaßen: „In der Quantenphysik entspricht dem Geist das, was wir Potenzialität nennen. Ich könnte also in Analogie sagen, alles ist aus Geist aufgebaut, Wirklichkeit ist Geist. Die Materie ist eine greifbare Ausdrucksform und das Feld ist eine andere, wechselwirkende." Die Schöpfung als Ganzes spiegelt in der Sichtweise Dürrs somit den Prozess der ständigen Objektwerdung von Wirklichkeit in jedem Augenblick wider: die Verwandlung von *Potenzialität* in *Realität*. Realität sei in gewisser Weise eine „Inkarnation" des Geistigen, sagt Dürr. Wenn wir von *Geist* sprechen, betonten wir eher die *Verbindung*, und wenn wir vom *Materiellen* sprechen, die *Getrenntheit*. David Bohm, ein amerikanischer Quantenphysiker, verdeutlicht dies anhand einer Erläuterung des Begriffs „Realität": „Wo liegt der Ursprung des

Wortes ‚Realität'? Es stammt vom lateinischen ‚res', das ‚Ding' bedeutet. ‚Real' sein heißt, ein ‚Ding' zu sein. In seiner früheren Bedeutung würde ‚Realität' demnach ‚die Dingheit im Allgemeinen' und ‚die Eigenschaft, ein Ding zu sein' bezeichnen. Es ist von besonderem Interesse, dass ‚res' von dem Verb ‚reri' stammt, das ‚denken' bedeutet, sodass ‚res' wörtlich das ist ‚was gedacht wird'."

Was der individuelle Geist, das Bewusstsein tatsächlich ist, weiß zwar niemand präzise. Es darf aber, in wissenschaftlicher Terminologie ausgedrückt, am ehesten als eine *höherdimensionale Entität* bezeichnet werden. Der Biologe Rupert Sheldrake legt in einem Gespräch mit dem Theologen Matthew Fox seine Sichtweise des Geistes im funktionalen Zusammenspiel mit der Seele dar: „Ich würde sagen, die individuelle Seele ist in dem Sinne lokalisiert, dass sie auf den Körper zentriert ist. Sie in-formiert den Körper – sie gibt ihm buchstäblich die Form. (lat. *informare* = bilden, eine Form geben – Anmerkung des Verfassers) Und der Körper ist das Aktionszentrum der Seele. Der Geist ist überall und zugleich nirgendwo im Besonderen. Er ist in allen Dingen. Er ist nicht im gleichen Sinn lokalisiert."

Avantgardistische Physiker vermuten, dass Seelen über so genannte Pilotwellen mit der Materie kommunizieren. Über die Pilotwelle würde die Seele den Körper veranlassen, die in ihr gespeicherte Information in der Materie umzusetzen. In diesem Sinne wäre eine Seele in der Terminologie der Physik eine individualisierte Informationsstruktur, die im formgebenden, höherdimensionalen morphogenetischen Feld operiert, individualisierte Informationen abruft, speichert und mit anderen Informationen in Beziehung setzt. Damit ist sie vielleicht am ehesten mit der Bedeutung und Funktion des „Atman" in der indischen Philosophie und Religion zu vergleichen; oder dem „transpersonalen Selbst" der westlichen Psychologie. Erst durch das Konzept individualisierter Seelen kommt Evolution zustande. Denn Informationen im höherdimensionalen morphogenetischen Feld tendierten lediglich zur Wiederholung. Im Sinne der fraktalen Zeit stellen sie Zeitschleifen dar. Erst dadurch, dass eine intelligente, aktive Energieform hinzukommt, die Seele eben, die solche Zeitschleifen in der Materie ablaufen lässt und die Resultate bewertet durch Bewusstsein, kann ein Lernprozess einsetzen; erst dadurch entsteht Entwicklung, Evolution.

Man mag zu Theorien von Naturwissenschaftlern zur Erklärung altvertrauter metaphysischer Begriffe wie Seele, Geist, Bewusstsein persönlich natürlich stehen, wie man will. Grundsätzlich kann es aber nur positiv sein, wenn diese sich nicht davor scheuen, Fragen der Metaphysik in der Sprache der modernen Wissenschaft zu behandeln. Sie vermögen damit eines vielleicht nicht mehr so fernen Tages eine präzisere Definition metaphysischer Vorstellungen zu liefern, als dies heute noch der Fall ist. Die wissenschaftliche Symbolik, Terminologie und die Gleichnisse sind nun mal bestimmend für das Denken unserer Zeit. So wie es früher die religiöse Symbolik und Terminologie war und die religiösen Gleichnisse.

Persönlich bin ich davon überzeugt, dass uns die moderne Physik noch in diesem Jahrhundert überzeugende Theorien und Modelle für den größten Teil der Themen liefert, die man als „metaphysisch" bezeichnet; und dass dies zu tief greifenden Auseinandersetzungen führt, die letztlich dem gesamten Gebiet der Metaphysik Impulse zu geben vermögen, ihm die Bedeutung zurückgeben werden, welche ihm für das ganzheitliche Verständnis des Lebens zukommt. „Die Sichtbarkeit, Verstehbarkeit und Deutbarkeit der Bilder verändert sich mit der Entwicklung des Bewusstseins", sagt Erich Neumann in der *Ursprungsgeschichte des Bewusstseins*, – damit auch die Sichtweise und Verstehbarkeit metaphysisch-religiöser Symbole, Vorstellungsbilder und Geschichten. Das Weltbild des Individuums „ändert sich mit jedem Stadium seiner Entwicklung, und der Wechsel der Archetypen und Symbole, der Götter und Mythen, ist der Ausdruck, aber auch das Instrument dieses Wandels." Durch diese Entwicklung werden alte Denkschemas und Vorstellungen von neuen abgelöst: Die Welt erscheint in einem neuen Licht! Und es ist natürlich der Geist und die Entwicklung des Bewusstseins, welche die Quellen dieses neuen Lichtes sind. Das ist der Weg der Evolution in ihrer psychisch-geistigen Phase.

Wie ich schon in anderem Zusammenhang bemerkte, ist die Wirklichkeit, wie sie die moderne Naturwissenschaft heute sieht, wohl am ehesten mit der Metapher eines lebendigen, mehrdimensionalen Hologramms zu beschreiben. Da wir uns die Bewegungen in einem solchen Hologramm nicht vorstellen können, hilft vielleicht die (vereinfachende) Analogie mit einem Kaleidoskop weiter. Tod und Dasein wären dann etwa wie die Neuanordnung des Musters der farbigen Glassplitter zu sehen, das mit der Drehung des Instrumentes entsteht. Einmal nach links drehen: „tot" sein, das heißt nicht-materiell sein. Einmal nach rechts drehen: „lebendig", materiell sein. Dürr sieht es ähnlich; nämlich, dass der Unterschied zwischen dem Bestehenden und dem Nicht-Bestehenden nur als ein *formaler* existiert: „Wir betrachten ja Tod und Geburt als etwas völlig Verschiedenes. Man müsste aber sagen, in einem höheren Raum ist beides nur in einer anderen Schwingung. Das Geschehen ist eigentlich immer positiv, aber in einer anderen Richtung orientiert." Die sichtbare Welt, meine individuelle Existenz und das Leben an sich sind integraler Teil eines dynamisch-holografischen Kosmos, wo Tod/Dasein, Schöpfung/Untergang die Neuanordnungen temporärer Erscheinungsformen des Lebendigen sind.

Damit sind Möglichkeiten aber nur angedeutet. Denn die tatsächlichen Gesetzmäßigkeiten des „mehrdimensionalen Hologramms" der Wirklichkeit kennen wir erst sehr vage. Wir müssen – respektive wir dürfen – aber davon ausgehen, dass es durchgehend intelligent und lebendig ist; wir selbst sind ja „Widerschein" dessen. Und es ist ewig! – In dem Sinne, dass es nicht den Gesetzen unserer Zeit unterliegt, sondern die Zeit den seinigen. Denn unsere Raum-Zeit, wie es in der Physik heißt, ist ja eine Eigenschaft des dreidimensionalen physikalischen Universums, wie wir seit Einstein wissen. Die „Substanz" des Hologramms bildet allem Anschein nach das, was wir heute mangels differenzierterer oder präziserer Begriffe nur einfach „Geist" nennen können. Und unser Bewusstsein ist, wie es aussieht, integraler Teil dieser Substanz. Und darum ist die Bedeutung von *conscientia* (Mitwissen) und altgr. *syneidesis* (Miterscheinung, Mitbild, Mitwissen) völlig zutreffend. – Schon erstaunlich, was die Begriffe so alles zum Ausdruck bringen, wenn man ihnen etwas tiefer auf den Grund geht.

Glaubensvorstellungen sind wie Weltbilder Konstruktionen unseres Geistes, und damit natürlicherweise veränderlich. Und wie Neumann sagte: Die Sichtbarkeit, Verstehbarkeit und Deutbarkeit der Bilder verändert sich mit der Entwicklung des Bewusstseins.

Man mag die Ausführungen dieses Textteils vielleicht als fantastische Spekulationen ansehen. Sie haben aber als Basis nicht Esoterik oder irgendwelche anderen als „abgehoben" etikettierten Wissengebiete. Ihre Basis bilden naturwissenschaftliche Erkenntnisse, deren Richtigkeit auf experimenteller Ebene wie auch in technologischen Anwendungen nachgewiesen ist, die wir ganz selbstverständlich täglich überall auf der Welt benutzen.

Was bisher hingegen kaum wirklich diskutiert wurde, sind die Auswirkungen, welche diese Erkenntnisse auf philosophischem und metaphysischem Gebiet haben. Das kommt noch.

Werte bisher und morgen. – **Die sich verändernden Ziele, Vorstellungen, Bedürfnisse, Wertschätzungen**

Wertewandel findet nicht in Form einer Ablösung von heute auf morgen statt. Die Entwicklung erfolgt vielmehr in Schritten und Etappen. Und „alte" Werte müssen dabei nicht zwangsläufig ganz verschwinden. Sie können noch „geduldet" werden, verlieren aber an Attraktivität in der Werteskala.

Wenn wir in einer Übersicht und Gegenüberstellung die für die Vergangenheit bestimmenden Werte – man könnte sie, zumindest teilweise, auch „Attraktoren" oder Ideale nennen – denen gegenüberstellen, welche in der Zukunft relevant sein werden, so kann dies etwa die folgende Darstellung ergeben:

bisher	in Zukunft
– patristische Werte	– matristische Werte
– Ich-Betonung	– Wir-Betonung
– Freiheit über alles	– Freiheit und Verantwortung
– taktische Intelligenz	– weitsichtige Klugheit
– Konkurrenz	– Kooperation
– abstrakte Leitbilder	– reale Vorbilder
– Hierarchie	– Selbstorganisation
– Zentralismus	– Dezentralisierung
– Pragmatismus/pragmatisch	– Vision/visionär
– repräsentative Demokratie	– direkte Demokratie

– fragmentierendes Spezialistentum	– ganzheitliches Denken
– Überfluss	– Sinnhaftigkeit
– individualistischer Luxus	– globale Lebensqualität
– Glamour	– Authentizität
– Demonstration von Geldmacht und Luxus	– soziales Engagement
– Schicksal	– Selbstevolution
– materielle Anreizsysteme bestimmend	– Selbstmotivation durch Sinnerkenntnis bestimmend
– Macht, Beherrschung	– Koevolution
– Tod und Leben	– implizites und explizites Sein (Sein und Da-Sein)
– mechanistisch-rational	– komplex-intuitiv
– raum-zeitliches Universum	– mehrdimensionaler Kosmos

Homo sapiens, jetzt. – **Selbstevolution**

Wenn ich zum Schluss eine unmissverständliche Antwort geben soll auf die Frage, ob der Wertewandel ein Schlagwort sei oder die Zukunftskraft des 21. Jahrhunderts, so lautet diese: **Mit absoluter Sicherheit ist der Wertewandel *die* Innovationskraft der Zukunft**, und nicht nur des 21. Jahrhunderts. Denn seine Grundlagen bilden ja Veränderungsströmungen, die nicht einfach am Ende dieses Jahrhunderts haltmachen werden, im Sinne von: „Game over".

Der Wertewandel ist wesentlicher Bestandteil und gleichzeitig Instrument des Transformationsprozesses, hin zu einer globalen Kultur, in deren Folge die Menschheit von einer Schicksals- zu einer Willensgemeinschaft wird, wie es Cassirer definiert. Er ist Ausdruckselement eines mehrdimensionalen Prozesses, hin zum zukunftsbestimmenden Kulturideal der Ganzheitlichkeit, deren Erkenntnisprinzip die komplexe Verbundenheit sämtlicher Phänomene der Wirklichkeit ist.

Je schneller wir den vor sich gehenden Wandlungsprozess verstehen, die damit verbundenen Veränderungen akzeptieren und zu diesen eine konstruktive Einstellung finden, umso schneller werden wir die sich damit eröffnenden neuen Möglichkeiten und Chancen wahrnehmen können.

Die Entwicklungsgeschichte ist charakterisiert durch den Prozess der permanenten Evolution. Unter Evolution ist die umfassende Entwicklung und Entfaltung von Lebewesen zu verstehen, als vom Einfachen zum Komplexen, die bestimmt wird von natürlichen Gesetzmäßigkeiten. (Die psychisch-geistige Ebene gehört in dem Sinne genauso zur Kategorie des „natürlichen", als sie nicht vom Menschen geschaffen oder veranlasst wurde.) Wie wir schon in der Definition zu Anfang des Textes sahen, sind drei aufeinanderfolgende Phasen der Evolution erkennbar: die materielle, die biologische und diejenige des Psychisch-geistigen. Explizit bezogen auf das Bewusstsein und dessen Wachstum ist Evolution zu sehen als fortschreitender Entwicklungsprozess in der Wahrnehmung immer höherer Komplexität; also Gewahrwerdung der Vernetzung von immer mehr Bereichen der Wirklichkeit. Eine weniger entwickelte Bewusstseinsstufe sieht die Phänomene und Elemente der Wirklichkeit als unabhängig voneinander.

Nach dem Strukturmodell von Jean Gebser ist das mentale Bewusstsein ja die Stufe und Existenzform des modernen, „westlichen" Menschen und all derer, die er vom Erfolg dieser Form überzeugt hat. Als nächste Entwicklungsstufe definierte Gebser das *integrale* Bewusstsein. Auf dieser Stufe ist der Mensch ganzheitlich orientiert, sich der Funktion von Gefühl, Logik, Intuition vollständig bewusst und versteht die Differenzierung von Geist, Seele, Körper ebenso wie ihre funktionalen Zusammenhänge mit Realität und Wirklichkeit, Welt und Kosmos, Personalem und Transpersonalem. Die zu beobachtende, zunehmende Volatilität und die Eskalation der Krisen auf unterschiedlichen Gebieten in unserem System – sowie alles, was im Zusammenhang mit diesem Text untersucht und dargelegt wurde – weist eindeutig darauf hin, dass diese Stufe der Bewusstseinsentwicklung ansteht. Das hat zur Folge, dass der Mensch: 1. seine allseitige Verbundenheit mit den Elementen der Wirklichkeit erkennt, und 2. seinen Platz in einer hochgradig vernetzten, mehrdimensionalen Wirklichkeit finden und seine Rolle darin definieren muss. Daraus ergeben sich neue Anforderungen an das Selbstverständnis sowie an die Handlungskonzepte und Verhaltensmuster, sowohl was den einzelnen Menschen betrifft wie auch seine kollektiven Systeme. Es bedeutet natürlich auch, dass der Mensch als *Homo faber* (= der schaffend gestaltende Mensch) sein Denken, Planen und Handeln nach den Anforderungen einer Ethik richtet, die dieser komplexen Wirklichkeit entspricht. In Verbindung mit dem Bewusstsein heißt dies, dass eine neue, *globale Solidarität* erforderlich ist; zwischen den Menschen dieses Planeten, wie des Menschen mit dem Planeten generell. Dies ist der entscheidende Wandlungsschritt auf dem Weg in die Zukunftswelt von Kultur und Zivilisation; die Voraussetzung für einen Homo faber, der mit sich selbst und der Welt, zu der er unlösbar gehört, richtig umgehen kann. Damit dieser Schritt in möglichst konstruktiver Weise verläuft, ist die Einsicht in die Fähigkeit wie auch die Notwendigkeit der Selbstevolution von ausschlaggebender Bedeutung. Voraussetzung dafür wiederum ist evolutionäres Denken.

Evolution und Entwicklung finden statt, das ist wohl unbestreitbar. Wir können daran nun aktiv und bewusst teilhaben im Sinne von Selbstevolution und des damit verbundenen Transformationsprozesses der Kultur. Oder wir nehmen nicht bewusst teil und die Entwicklung erfolgt (weiterhin) auf unbewusste Weise; begleitet von großer Aggressivität und Destruktivität. Kommen wird sie, so oder so. Denn es ist keine Frage mehr, dass evolutionäre Kräfte in der Kollektivpsyche wirksam sind.

Jochen Röpke sagt, Selbstevolution sei prinzipiell davon abhängig, ob es gelingt, eine *Balance zwischen den Dimensionen menschlicher Fähigkeiten* aufrechtzuerhalten. Allerdings nicht zu jedem Zeitpunkt, denn dies würde die „kreative Störung" und wechselseitige Stimulierung einer Fähigkeitsdimension durch eine andere nicht mehr zulassen, aber im Zeitablauf. Das bedeutet heute einerseits die Überwindung des Dualismus von Körper und Geist, andererseits die wechselseitige Förderung und strukturelle Kopplung der menschlichen Dimensionen. Was heißt zu verstehen, dass die Elemente Bewusstsein, Seele, Körper – ebenso wenig wie Individuum und Gesellschaft – nicht unabhängig voneinander gebildet oder entwickelt werden können wie beispielsweise die einzelnen Elemente einer Maschine, sondern das Ergebnis von Wechselwirkungen im „System" Mensch sind, im Zusammenspiel mit der soziokulturellen und natürlichen Umwelt.

Das heute vorherrschende Weltbild der primär von zivilisatorischen Prinzipien bestimmten Kultur ist – allen neuen wissenschaftlichen Erkenntnissen zum Trotz – rationalistisch, mechanistisch und materialistisch, in enger Verbindung mit der Idee von Macht und Herrschaft – über den Menschen und über alles Lebendige, die gesamte Natur. Denn es ist nach wie vor geprägt durch das patristische Wertesystem. Als Folge dieses Weltbildes entstand eine immer extremere Formen annehmende Diesseits-Orientierung. Resultate hiervon sind unter anderem: die Leugnung der Bedeutung des Geistprinzips für die Evolution; Sinnleere und Todessehnsucht (zwei Weltkriege im 20. Jahrhundert) mit gleichzeitiger Todesangst (der Wahn, ewig jung sein zu wollen), eine Hyperindividualisierung mit der Auflösung des „Generationenvertrages"; die Ablehnung gesellschaftlich-kultureller Verantwortung und als deren Folge ein zunehmender Legalismus; die rücksichtslose Ausbeutung der Natur im Zuge eines immer gnadenloseren Kapitalismus, der nur noch einer eindimensionalen Logik folgt. Erich Fromm sagte hierzu: Der Mensch habe aufgehört in sich selbst den höchsten Lebenszweck zu erkennen, er habe sich zum Sklaven und Werkzeug der Wirtschaftsmaschine gemacht, die er selbst erfunden und gebaut habe.

Das vom Willen der Beherrschung der Natur durch die logische Vernunft getriebene Denken sowie die rigorose Säkularisierung der Wissenschaften, welche die Grundlagen dieses Systems bilden, brachten eine von hochgradiger Abstraktion geprägte Weltsicht hervor, die zur radikalen „Entheiligung" der Natur wie auch unserer selbst führte. („Heil" bedeutete ursprünglich „ganz". Im Englischen kommt dies deutlich zum Ausdruck: heilig = *holy* von *whole* = ganz. „Heilung" meint dementsprechend „Ganzwerdung") Wir verloren dadurch menschlich Wesentliches bereits schon weitgehend: unsere ganzheitliche Empfindungsfähigkeit;

damit verbunden die Selbstverständlichkeit des Aufgehobenseins in der natürlichen Welt und das Vertrauen in deren Lebensprozesse, unsere prinzipielle Verbundenheit mit Natur und Kosmos.

Wie wir im Verlaufe dieses Textes immer wieder sahen, sind unsere Gesellschaft und ihre Systeme vor allem anderen Produkte unseres Bewusstseins. Große Kulturen, Zivilisationen, Nationen – aber genauso auch Unternehmen – starben und gehen auch heute unter wegen fehlender geistiger Entwicklung. Ihre daraus resultierenden Fehler auf politischem oder wirtschaftlichem Gebiet sind nur die sichtbaren Folgen eines entwicklungstechnischen Stillstandes im Geiste.

Die Auswirkungen der fundamentalen Krise, die uns das Festhalten am überholten mechanistisch-rationalen und materialistischen Weltbild in unserem Alltagsleben bringen werden, und bereits gebracht haben, sind heute wohl am konkretesten auf dem Gebiet der Ökologie abzusehen. – Ach ja, und dann sind da noch die Finanz- und die Wirtschaftskrisen. – Ob es aber zwei, drei, vier oder zig mögliche Krisenbereiche sind, die wir sehen oder für die Zukunft erahnen, hängt eigentlich nur davon ab, wie weit wir bereit sind, den Horizont nach Anzeichen dafür abzusuchen. Denn wie dargestellt, können wir mit Krisen ja auf zwei verschiedene Arten umgehen: destruktiv oder konstruktiv. Die eine Möglichkeit ist, sie zu unterdrücken, zu leugnen, zu verdrängen; fatalistisch zu akzeptieren. Die andere, sie als das zu erkennen, was sie wirklich sind: Wachstumserscheinungen.

Das Eingangszitat dieses Buches lautet: Wir sind der Evolution nicht ausgeliefert, wir sind die Evolution. Wir sind auch das gesellschaftliche und wirtschaftliche System. Gesellschaftliche und wirtschaftliche Systeme sind als Subsysteme zu sehen; genauso, wie auch der einzelne Mensch ein Subsystem ist. Das Gesamtsystem ist das „Lebenssystem" oder die „Natur", die für uns logisch nicht fassbare Wirklichkeit an sich – der Kosmos. Lebenssysteme sind offene Systeme. Und nach meiner Erfahrung existieren überhaupt keine nicht-offenen Systeme, zumindest nicht im für uns kognitiv, sensitiv und intuitiv wahrnehmbaren Bereich der Wirklichkeit. Denn ein nicht-offenes System widerspricht der Ganzheitlichkeit, wie sie uns von der modernen Physik gezeigt wird. Offene Systeme stehen im permanenten Austausch. Die „Tauschwährung" im physikalischen, materiellen Bereich ist dabei Energie. Diejenige im immateriellen ist Information.

Ein Subsystem ist nicht in der Lage, ein übergeordnetes Gesamtsystem vollständig zu erfassen, auf logische Weise schon gar nicht. Wer das nicht erkennt, bewegt sich heute nicht nur erkenntnistheoretisch permanent im Randbereich des Super-GAUs, sondern auch auf der realen Ebene der Welt. Die Kriseneskalation in unserem momentanen System zeigt dies deutlich. Ein Teil- oder Subsystem hat den prinzipiellen Gesetzmäßigkeiten des Gesamtsystems zu entsprechen. (Wie ja beispielsweise auch die Ontogenese den Gesetzmäßigkeiten der Phylogenese folgt.) Die Jantsch'sche Definition: „Ethik ist nichts anderes als ein Kodex evolutionsgerechten Verhaltens, und Moral ist das lebendige Erfühlen eines solchen Verhaltens" bringt exakt dies zum Ausdruck.

Wie es den Anschein macht, ist die Wirklichkeit fraktal „aufgebaut". Das Gesamtsystem, seine Gesetzmäßigkeiten, präfiguriert aus diesem Grund die Subsysteme. Nicht autoritär, diktatorisch, ansonsten wäre das Universum deterministisch ausgelegt; was es ja nicht ist, wie wir aufgrund der Quantenphysik wissen. Subsysteme haben somit, wenn wir so sagen wollen, „Freiheitsgrade". Diese dürfen aber das Gesamtsystem nicht gefährden. Sonst erfolgt eine Korrektur aufgrund selbstorganisatorischer Fähigkeiten des Gesamtsystems. Die Freiheitsgrade von Subsystemen dienen wohl dazu, das Gesamtsystem produktiv zu „stören", das heißt, zur Entwicklung anzuregen.

Das Gesamtsystem ist offensichtlich auf die Zunahme immer komplexerer Ordnung hin angelegt; es ist „daran interessiert". Es strebt dabei immer wieder nach Balance der Elemente dieser Ordnung. Denn diese Balance garantiert Vielfältigkeit, damit die optimale Möglichkeit für wachsende Komplexität. Es strebt nicht nach statischer Balance, wie Röpke zu Recht sagt, sondern nach Balance im Zeitablauf: Es strebt eine dynamische Balance an. – Ich vermute mal deshalb, damit es dem Herrgott nicht langweilig wird in seiner Ewigkeit! – Das Ganze erinnert an die notwendige Balance von Tradition und Fortschritt. Allzu starke Orientierung an der Tradition führt zu Starrheit, verhindert damit die Zunahme von mehr Komplexität, damit Bewusstseinsentwicklung. Das Gegenteil dessen, der allzu freie liberalistische Umgang mit Traditionen, führt dagegen ja zum Bruch mit dem Erfahrungswissen über das „Lebenssystem", kann so rasch für einen Systemteil gefährlich werden, weil er sich zu hohen Risiken aussetzt, indem er die prinzipiellen Gesetzmäßigkeiten verletzt. – Anstelle von Balance könnte man übrigens auch den Begriff „Harmonie" verwenden. Persönlich bevorzuge ich „Balance", weil damit nicht die Vorstellung von „Friede-Freude-Eierkuchen" evoziert wird.

„Eine neue Art von Denken ist notwendig, wenn die Menschheit weiterleben will", lautet ein Zitat Albert Einsteins. – Das immaterielle Informations- oder Geistprinzip als Fundament der Welt wird uns durch die Erkenntnisse der modernen Physik immer deutlicher gezeigt. (Diese Erkenntnis wird im Laufe der nächsten Jahrzehnte übrigens auch das gesamte Gebiet der Biologie revolutionieren.) Damit die Evolution für den Menschen auf die nächste Bewusstseinsstufe möglichst konstruktiv verläuft, bildet das Erkennen der Allverbundenheit der Wirklichkeit die Voraussetzung. Genauso wie die Erkenntnis des Primats des Geistprinzips. Aus diesem Grund kommt dem metaphysisch-spirituellen Aspekt der neuen Weltsicht auch auf der realen Ebene zentrale Bedeutung zu. Ein „einfaches" Mittel hierzu ist, die Idee der *Heiligkeit* der gesamten Schöpfung zu revitalisieren. Wer glaubt, dies sei verbunden mit einem Rückfall in ein mittelalterliches oder vorwissenschaftliches Denken, täuscht sich: Das Gegenteil ist der Fall! Die Akzeptanz des „Heiligen" – was ja, wie wir sahen, nichts anderes bedeutet als „Ganzheitlich" – als unabtrennbare Eigenschaft des Seins und seiner Entfaltung in der sinnlich wahrnehmbaren Welt, der Realität, ist vielmehr elementar für die Heilung der technologisch-ökonomischen Zivilisation von ihrer heute eindimensional-rationalen, dadurch zunehmend destruktiven und selbstzerstörerischen Ausrichtung. – Und was sagte doch Schult, den spirituell-religiösen Bereich des Wassermann-Zyklus betreffend: Der Gegensatz von sakral und profan werde überwunden, das gesamte Leben und nicht nur gewisse Bezirke oder Zeiten als vom Heiligen durchwirkt erfahren. Das alltägliche Leben selber werde so zu einer spirituellen Erfahrung und das sichtbare Universum transparent für die imaginäre Wirklichkeit eines mehrdimensionalen Kosmos. – Oh Mann: Was muss das für ein Gefühl sein!

Die Wandlung der herrschenden, patristisch bestimmten Zivilisation und Kultur ist entwicklungstechnisch gesehen nicht nur berechtigt, sondern notwendig. Auch wenn die Geburtswehen der entstehenden neuen Kultur in Form von Sinnleere, Unsicherheit, Instabilität, Chaos und Destruktivität teilweise riesiges Unglück und Leid mit sich brachten; und immer noch bringen. (Sie erinnern sich: Über das männliche Ideal der „Vollkommenheit" führt kein Weg hinaus, außer die Katastrophe des Ideals.) Denn die Basis der Kultur wird unendlich erweitert.

Die Kultur, die im Entstehen ist, wird eine Menschheitskultur in viel höherem Sinne sein, als es bisher je eine gewesen ist, denn sie wird ganz wesentliche Elemente der sozialen, nationalen und rassischen Einschränkungen überwunden haben, weil sie vom weiblichen Prinzip bestimmt wird, sich dadurch am Ideal der „Vollständigkeit" orientiert. Das sind bereits heute klar identifizier- und beobachtbare Entwicklungstendenzen. Aber eben: „Ein Baum, der fällt, macht mehr Lärm als ein Wald, der wächst".

Wie wir sahen, erfolgt jeder natürliche Wachstumsprozess im physiologischen Bereich nicht linear, sondern in Schüben. Und das gilt natürlicherweise auch für das Wachstum des Psychisch-geistigen. Die Menschheit als Ganzes befindet sich heute in einer Phase ihrer Entwicklung, in der sie spürbar in eine neue Entwicklungsstufe hineinwächst. Denn wir emanzipierten uns von traditionellen Vorstellungen über die Struktur der Wirklichkeit, über die Vorgänge und Ordnungsmuster des Kosmos ziemlich radikal. Wir haben, bildlich gesprochen, die Hand vom „himmlischen Mutter-Vater" losgelassen, ja, sie in unserer westlichen Kultur sogar vehement weggestoßen.

Die im Zuge dieser Emanzipation erfolgte Ablösung des mittelalterlich-religiösen durch das naturwissenschaftliche Denksystem, die damit verbundenen politischen Umwälzungen wie auch diejenigen im allgemeinen Weltbild, ebenso die universelle Säkularisierung in Wissenschaft und Gesellschaft, waren entwicklungsgeschichtlich eine Notwendigkeit. Das alte (Denk-)System war erstarrt, darum auf Machtausübung und Unterdrückung hin ausgerichtet, seine Repräsentanten in hohem Maße dekadent. Die Entwicklungsmöglichkeiten des Menschen wurden dadurch verhindert. Das neue – bereits unter dem Einfluss des Erkenntnisprinzips des Wassermann-Zyklus entstandene – Denksystem hat uns durch die naturwissenschaftlichen Erkenntnisse ein wesentlich komplexeres Bild der Welt geliefert als es das alte gewesen ist. Außerdem hat es durch die sich daraus ergebenden Anwendungsmöglichkeiten auf technologischer Ebene unser praktisches Leben auf vielen Gebieten enorm erleichtert und bereichert. Auch auf humanistischem und sozialem Gebiet wurden gegenüber den früher vorherrschenden Verhältnissen große Fortschritte erzielt. Alles in allem: Ein beeindruckendes Resultat! Auch wenn im negativen Bereich durch hoch technologisierte Kriegsmittel und andere Vernichtungseinrichtungen Menschen und Kulturgüter in einem Ausmaß Opfer der Entwicklung wurden, wie dies in der Geschichte der Menschheit noch nie zuvor der Fall gewesen sein dürfte. Trotz allem damit verbundenen Getöse und großen Leiden wirken hierbei letztlich dieselben Kräfte, die auch auf der individuellen Ebene unser Leben bestimmen: die Wachstumskräfte der Psyche.

In der Entwicklung des Bewusstseins habe das Individuum die gleichen Phasen und Stadien zu durchschreiten, welche auch innerhalb der gesamten Menschheit die Entwicklung des Bewusstseins bestimmen, sagt die Analytische Psychologie. Im umgekehrten Sinne ist auf der kollektiven Eben die geschichtliche Entwicklung Ausdruck dieses Entwicklungsprozesses des Bewusstseins. Auf der individuellen Ebene erleben wir in unterschiedlichen Lebensphasen auch immer wieder, wie sehr dieser Wachstumsprozess mit Schwierigkeiten einhergehen kann; nicht umsonst spricht Jung vom „Stirb-und-Werde-Prozess".

Es lag und liegt im Wesen von uns Menschen der sogenannten Neuzeit, dass wir die Grenzen und Bedingungen unseres ursprünglich natürlichen Daseins überschreiten. In einem antiken Sinne gesprochen, dringen wir dadurch in einen Bereich vor, der den Göttern vorbehalten war. Denn wir gewannen in den letzten Jahrhunderten ein Wissen und eine Macht, welche jeder früheren Zeit ebenso unerlaubt wie unmöglich erschienen wären. Nun gilt es zu erkennen, dass mit diesem Machtzuwachs auch die Übernahme einer Anforderung verbunden ist, die vorher allein bei den Göttern lag: evolutionäre Verantwortung. Diese Übernahme in unserem Bereich – das heißt auf dem Planeten Erde – ist integrierender Aspekt unserer soziokulturellen Entwicklung. Denn unsere Macht ohne **evolutionäre Verantwortung** führt in die Katastrophe. (Sie erinnern sich: Katastrophe = Niedergang zum Schlechteren.

Zugleich Teil dieser Anforderung, wie aber auch Voraussetzung dafür, ist Selbstevolution im Sinne von *bewusster* psychisch-geistiger Entwicklung. Wesentliches Mittel dieses Prozesses wiederum ist, auf weltumspannender Ebene interdisziplinär zu diskutieren, wie wir unsere evolutionäre Verantwortung wahrnehmen können; wie die Welt in Zukunft aussehen soll, die wir gestalten wollen; in welcher globalen Kultur wir leben wollen, welche Werte wir als sinnvoll sehen und für die wir eintreten wollen. – Das ist Selbstevolution. – Und das ist der Schritt, der zeigen wird, ob wir tatsächlich der Homo *sapiens* sind; was ja „der *kluge* Mensch" bedeutet.

Und in diesem Sinne hatte Erich Jantsch völlig recht als er sagte:

„Wir sind der Evolution nicht ausgeliefert, wir *sind* die Evolution."

Cool! — **Na dann: Auf geht's!**

Glossar/Annex

Analytische Psychologie – (auch Komplexe Psychologie) Eine psychologische und psychotherapeutische Schule, die vom Schweizer Arzt, Psychologen und Psychotherapeuten Carl Gustav Jung (1875-1961) gegründet wurde.

Eine besondere Rolle in der Analytischen Psychologie spielen die aus der Persönlichkeitstheorie von Jung abgeleiteten Strukturen der *Psyche*. Der allumschreibende Begriff der menschlichen Psyche ist dabei das *Selbst*. Dieses umfasst individuelle wie kollektive, bewusste und unbewusste Persönlichkeitsteile. Bewusst ist dem Menschen in der Regel aber nur das „Ich"; somit lediglich ein Bruchteil dessen, was die menschliche Persönlichkeit ausmacht. Wesentlich umfangreicher als das Ich-Bewusstsein ist der unbewusste Teil des Menschen, der sich aufspaltet in das persönliche Unbewusste und das kollektive Unbewusste. Das Ich als Zentrum des Bewusstseins interagiert mit den oft im Unbewussten liegenden sonstigen Persönlichkeitskomplexen. Psychische Probleme entstehen aus Konstellationen, welche die bewusste Einstellung stören und sich meist um einen bestimmten Kern bilden. Das *kollektive Unbewusste* ist eine Instanz, die sämtliche (allgemein-menschlichen) Erfahrungen beinhaltet. Zum *persönlichen Unbewussten* gehört die Summe aller verdrängten Verhaltensweisen und Gefühle des Individuums. Einen speziellen Aspekt bilden dabei die verdrängten, gegengeschlechtlichen Verhaltensweisen: Animus oder Anima.

Die Analytische Psychologie hat ein psychodynamisches Konzept, in dem sie psychische Prozesse als selbstregulierend sieht. Im positiven Fall findet selbstverwirklichende Lebensentwicklung statt, im negativen entstehen psychische Störungen. Die Analytische Psychologie hat nicht nur die Psychotherapie stark beeinflusst, sondern auch die Psychologie, Theologie, Völkerkunde, Literatur und Kunst.

Archetypus – (griech. *das „Zuerstgeprägte", Urbild*) Die Archetypen des kollektiven Unbewussten sind Strukturelemente desselben und ererbte Möglichkeiten der Wahrnehmung. Sie können durch individuelle Erfahrungen aktiviert werden, respektive erscheinen im Entwicklungsprozess des Bewusstseins. Es existiert nur eine sehr begrenzte Anzahl von Archetypen, aber eine beinah unbegrenzte Anzahl archetypischer Ausdrucksformen und -elemente. Archetypen stellen in gewisser Weise „arttypische Programme" dar. Sie haben sich gemäß der Sichtweise der Analytischen Psychologie evolutionär entwickelt; in dem Sinne, dass gewisse, ursprünglich wohl instinktgeleitete Verhalten die Bewusstseinsentwicklung förderten, sich so über große Zeiträume zu archetypischen Strukturen entwickelten und vererbt wurden. Ein Archetyp als solcher ist unanschaulich, aber vielfältig in Symbolen und symbolischen Bildern wahrnehmbar; beispielsweise in Träumen, Visionen, künstlerischen Erzeugnissen, Märchen, Mythen. Ein archetypisches Symbol zeichnet sich dadurch aus, dass es ein mehrdeutiges Gebilde ist, welches Assoziationen zu geistigen Ideen auslöst. Hierbei gibt es Grundassoziationen, die sich in vielen Kulturen stark ähneln und das kollektive Element des archetypischen Symbols ausmachen. Mythologien und Religionen unterschiedlicher Kulturkreise weisen immer wieder ähnliche oder gar gleiche Muster, Strukturen, Symbole oder symbolische Bilder auf, was als Beleg für das Vorhandensein archetypischer Strukturen in der menschlichen Psyche gilt.

In vielen wissenschaftlichen Disziplinen wurde mittlerweile erforscht, inwiefern die menschliche Spezies von arttypischen unbewussten Strukturen geprägt wird. Jung erkannte vier *Hauptkategorien* archetypischer Strukturelemente: den *Schatten*, welcher der Ich-Sphäre zuzurechnen ist und unterdrückte oder verdrängte Persönlichkeitsanteile enthält; *Anima* und *Animus*, die eigenen gegengeschlechtlichen psychischen Anteile; den alten *Weisen* oder die alte *Weise*, die Weisheitsschicht der Psyche; den Archetyp des *Selbst*, welcher sowohl das Ich als auch Unbewusstes umfasst, Zentrum und Umfang der Gesamtpsyche darstellt und die zentrale Selbststeuerungs- und Entwicklungsinstanz der Psyche ist.

Attraktor – Grundsätzlich ein Fachbegriff aus Mathematik und Physik. Alltagssprachlich bezeichnet er eine Person, einen Gegenstand oder einen Umstand, der anziehend wirkt bzw. auf den etwas oder jemand zustrebt.

assimilieren – Etwas „Fremdes" zu etwas Eigenem machen, in sich aufnehmen, sich einverleiben. Im erweiterten Sinne einfügen, einordnen, verschmelzen.

Axiom – (von griech. *tà tôn progónon axiómata* = als wahr angenommener Grundsatz) Das Axiom ist die Grundlage der logischen Beweise eines Gebietes. Somit eine als absolut gültig angenommene Wahrheit, die nicht innerhalb ihres Systems begründet werden kann respektive muss; letztlich aber unbeweisbar ist.

axiomatisch – auf Axiomen gründend, beruhend

Bewusstsein – Das Wort „Bewusstsein" entstammt dem lateinischen *conscientia*, was wörtlich so viel bedeutet wie „Mitwissen". Mit Bewusstsein wird heute in erster Linie die Fähigkeit bezeichnet, über mentale Zustände – wie Gedanken, Emotionen, Wahrnehmungen, Erinnerungen – zu verfügen. „Bewusstsein" wird in einem vielfältigen Sinn benutzt, der sich sehr oft mit der inhaltlichen Bedeutung von *Geist* überschneidet, manchmal auch mit derjenigen von *Psyche* oder *Seele*. Im Vergleich dazu ist „Bewusstsein" aber nicht von theologischem oder metaphysischem Gedankengut bestimmt, wird aus diesem Grund auch in den Naturwissenschaften verwendet.

Bewusstsein wird oft als eines der größten und bisher ungelösten Probleme von Naturwissenschaft und Philosophie bezeichnet. Die deutsche Philosophin Karen Gloy sagt, dass Bewusstsein für uns das Selbstverständlichste der Welt sei, aber eben gleichzeitig auch das einer theoretischen Erfassung Widerstrebendste, in dieser Hinsicht vergleichbar mit allen anderen Fundamentalbegriffen unserer allgemeinen Erfahrung, wie beispielsweise Geist und Seele. Aus diesem Grund findet sich bis heute keine allgemein anerkannte Definition von Bewusstsein. Somit hilft man sich in Naturwissenschaft und Philosophie damit, verschiedene Aspekte und Entwicklungsstufen von Bewusstsein zu unterscheiden.

„Bei Bewusstsein sein" bezeichnet dabei den wachbewussten Zustand von Lebewesen. Von einem *„phänomenalen Bewusstsein"* wird gesprochen, wenn ein Lebewesen nicht nur Reize aufnimmt, sondern sie auch bewusst erlebt. Gemäss dieser Definition verfügen Lebewesen über Bewusstsein, wenn sie beispielsweise Schmerz, Hitze oder Kälte wahrnehmen sowie Freude und Enttäuschung ausdrücken können. (Naturwissenschaftlich ist heute anerkannt, dass alle Tiere mit einer komplexeren Gehirnstruktur über ein phänomenales Bewusstsein verfügen.) Lebewesen, die denken, sich erinnern, planen und erwarten können, werden zur Bewusstseinsstufe *„gedankliches Bewusstsein"* gezählt. Nochmals einer höheren Stufe werden Lebewesen zugeordnet, die sowohl ein phänomenales wie auch gedankliches Bewusstsein haben, zusätzlich aber auch

noch wissen, dass sie über ein solches verfügen. Dieses Bewusstsein trifft man beim Menschen, wie auch bei einigen höheren Säugetieren an.

In der Philosophie wird unter „Bewusstsein" häufig die Summe der Meinungen, Theorien, Sichtweisen und Vorstellungen gemeint, die ein Mensch vertritt. Bewusstsein im Sinne von *„beseelt sein"* ist das Verständnis des Bewusstsein-Begriffes, wie er in den Religionen verwendet wird.

Bodhisattva – (sanskr. *bodhi* = Erleuchtung oder Erwachen; *sattva* = Wesen; bedeutet somit „Erleuchtungswesen"). Kern der Bodhisattva-Philosophie ist der Gedanke, nicht für sich allein Erleuchtung zu erlangen und damit Nirvana zu erreichen, stattdessen zuvor allen anderen Wesenheiten zu helfen, sich ebenfalls aus dem Kreislauf der Reinkarnationen zu befreien. Unterschieden wird zwischen irdischen und überirdischen Bodhisattvas. Erstere sind im Weltleben stehende Menschen, die von Güte und Mitgefühl getragen, ihre Verdienste zum Wohle aller fühlenden Wesen (Menschen und Tiere) einsetzen. Letztere sind transzendente Wesenheiten, die den Wesen beistehen und ihnen auf dem Pfad der Befreiung behilflich sind.

Chreoden – Entwicklungslinien

Elementarteilchen – Die kleinsten bekannten Elemente der Materie. Nachdem die Atomtheorie des griechischen Naturphilosophen Demokrit sich durch die Entwicklung der Chemie im 18. Jahrhundert bestätigte, galten die Atome als elementare Teilchen. Anfang des 20. Jahrhunderts entdeckte man dann, dass Atome aus einem Atomkern (bestehend aus Nukleonen, also Protonen und Neutronen) und einer „Hülle" (aus Elektronen) aufgebaut sind. Nach der Entdeckung dieser „Teilchen" – die im Grunde reine Aktivitätsstrukturen sind – wurde eine Reihe weiterer Teilchen entdeckt sowie Antiteilchen, zunächst hauptsächlich in der kosmischen Strahlung. Des Wieteren stieß man auf eine Substruktur der Nukleonen, die Quarks. Im Ergebnis folgte daraus die Entwicklung des Standardmodells der Elementarteilchenphysik.

Entität – (neulat. *Entitas,* von lat. *ens* = seiend) Der Begriff bezeichnet ein eindeutig identifizierbares Objekt, über das Informationen zu speichern oder zu verarbeiten sind. Aber auch ein eindeutig identifizierbarer Sachverhalt, ein Ereignis, ein Prozess oder ein Begriff ist eine Entität. – Möchte man in der Philosophie von der Existenz eines Phänomens reden, das nicht weiter spezifiziert werden soll, so nennt man es „Entität".

Empirie, empirisch – (von griech. *empeiría* = die Erfahrung). „Empirisch" werden alle Begriffe, Urteile und Schlüsse genannt, welche sich allein auf die Erfahrung gründen. Von „Empirie" lässt sich im eigentlichen Sinn aber nur bei auf methodischem Weg gewonnenen Erfahrungen und den daraus resultierenden Erkenntnissen sprechen.

fraktal – (lat. *fractus* = gebrochen) „Fraktale" sind Figuren, die Selbstähnlichkeit aufweisen; das heißt, dass Teilfiguren eine verkleinerte „Kopie" der Gesamtfigur sind.

Fundamentalismus – Der Begriff geht auf die Protestbewegung gegen „modernistische Tendenzen" innerhalb des US-amerikanischen Protestantismus zurück. Er entstand durch die Schriftreihe „The Fundamentals: A Testimony to the Truth", die Anfang des 20. Jahrhunderts in den Vereinigten Staaten erschien, die sich gegen moderne Theologie, insbesondere gegen die Anwendung der historisch-kritischen Methode auf die Bibel und gegen die Evolutionslehre richtete.

Geist – (griech. *pneuma, nous*; lat. *spiritus, mens, animus, anima*; hebr. *ruach*; arab. *ruh*; engl. *mind, spirit*; franz. *esprit*) Geist: 1) allgemein: Sinn, Bedeutung; 2) philosophisch: inneres Prinzip im Menschen, das die Welt emotional und rational wahrnimmt und handelnd verändert; 3) religiös: Heiliger Geist. – Ein uneinheitlich verwendeter Begriff vor allem der Philosophie, aber auch der Naturwissenschaften und der Religionen. Im Zusammenhang mit Bewusstsein wird „Geist" häufig synonym verwendet und überschneidet sich im heutigen Sprachgebrauch teilweise auch noch mit den Bedeutungen von Psyche und Seele.

global – weltumspannend, umfassend, gesamt

Gnosis – (griech. *gnosis* = Erkenntnis) „Gnosis" bezeichnet religiöses (Geheim)Wissen um göttliche Geheimnisse, aber auch das philosophische Erfassen derselben, indem die Inhalte des Glaubens mit philosophischen Elementen verknüpft werden.

Idealismus – (abgeleitet von griech. *idea* = Idee, Urbild, Aussehen, Beschaffenheit) Bezeichnet in der Philosophie 1. Eine Anschauung, deren Vertreter Geist, Vernunft oder Bewusstsein als das eigentlich Wirkliche betrachten, die Materie nur als deren Erscheinungsform verstehen. 2. Eine durch Ideale oder Utopien bestimmte Weltanschauung bzw. Lebenseinstellung, im Gegensatz stehend zu Egoismus oder Pragmatismus.

Ideologie – Ein System von Überzeugungen, Vorstellungen und Begriffen, in denen das Interesse einer bestimmten sozialen Gruppe, Kaste, Klasse, Schicht oder eines Standes zum Ausdruck kommt. Ideologien werden zur Durchsetzung eines Machtanspruchs aufgebaut.

immanent – innewohnend, enthalten sein

implizit – (von lat. *implicare* = verwickeln) innewohnend, mit eingeschlossen, mit enthalten, indirekt,

Instinkt – (abgeleitet aus dem lateinischen Begriff *instinctae naturae*, dem das Verb *instinguere* = anstacheln, antreiben, hineinstechen zugrunde liegt) Der Begriff bezeichnet Verhaltensweisen, die ohne reflektierte Kontrolle des Bewusstseins ablaufen. Gemäß der Sichtweise der Verhaltensforschung (Ethologie) entwickeln sich Instinkte nach einem im genetischen Code festgelegten Programm, das ontogenetisch überhaupt nicht oder nur in sehr engen Grenzen verändert werden kann. Nach Sichtweise der lerntheoretisch begründeten Verhaltenstherapie sowie der Psychoanalyse werden die Instinkte beim Menschen jedoch weitgehend durch erworbene Lernvorgänge sowie durch Erfahrungen überlagert. Auch in der Verhaltensforschung gilt heute allgemein: Je höher ein Tier entwickelt ist, desto stärker können seine Instinkte durch Lernvorgänge überlagert werden.

Kohärenz, kohärent – (lat. *cohaerere* = zusammenhängen) Bezeichnet allgemein den inneren oder äußeren Zusammenhang oder Zusammenhalt von etwas.

Konvergenz – (spätlat. *convergere* = sich hinneigen) Annäherung; Zusammenstreben, Aufeinanderzugehen

konvergierend – demselben Zweck zustrebend, übereinstimmend

Kultur – Prinzipiell wird Kultur verstanden als Dreiklang von *Kunst, Religion und Wissenschaft*. In einem erweiterten Sinne kann man „Kultur" bezeichnen als das komplexe Ganze, das aus Werten, Wissen, Glauben und Handeln im Rahmen einer Gruppe oder Gesellschaft entsteht. „Kultur" zeigt sich somit materiell und immateriell. Kultur wird sozial vermittelt, wirkt kollektiv und identitätsstiftend. Im Zuge der dynamischen Entwicklung und Veränderung von Bewusstseinsinhalten und Wertvorstellungen einer Gesellschaft wandelt sich auch deren Kultur.

Logos – (griech. *Wort, Sprache, Rede, Sinn*) Der Begriff hat ein weites Bedeutungsspektrum, das von Wort, Satz und Rede über Definition und Argument bis zu Lehrsatz reicht. Auch die Wissenschaft der Logik leitet sich davon ab.

Metapher – (griech. *metà phérein* = anderswohin tragen) Eine rhetorische Figur, bei welcher ein Begriff oder ein Wort nicht in seiner wörtlichen, sondern in einer *übertragenen* Bedeutung verwendet wird.

Metaphysik – (lat. *metaphysica*, von griech. *metá* = nach, über; *phýsis* = Natur, natürliche Beschaffenheit) Sie behandelt die zentralen Fragen der theoretischen Philosophie; die Fundamente, die Gesetzmäßigkeiten und Prinzipien sowie den Sinn und Zweck allen Seins.

Mythos, Mythen – Die Mythologie stellt Grunderfahrungen des Menschen in erzählerischer Form dar, das zeitlos Ewige wird im Mythos zur erlebten Wirklichkeit. Der Mythos steht im Gegensatz zur wissenschaftlichen Erklärung. Während die Vernunft auf logischem Wege begrifflich und systematisch Ordnungen stiften will, erklärt der Mythos erzählend die Schicksalhaftigkeit des menschlichen Lebens. Mythen als tradierte Erzählungen berichten auch darüber, wie die Gegenwart in der Vergangenheit begründet ist; sie schildern etwa die Entstehung der Götter, der

Menschen, des Kosmos oder endzeitliches und jenseitiges Geschehen. Im weiteren Sinn bezeichnet „mythisch" die Denkweise in ursprünglichen Bildern. Mythen sind durch die in ihnen enthaltenen Projektionen von menschlichen Erfahrungen auf übermenschliche Wesen und Charaktere tiefenpsychologisch deutbar.

In der Neuzeit hat der Begriff einen erheblichen Bedeutungswandel erfahren: „Mythos" hat sich als eine Wahrnehmungsform des Fundamentalen, Grundlegenden, Urtümlichen herausgebildet. Ebenso wird heute häufig eine Volksmeinung ohne genauere Begründung als Mythos bezeichnet; oder eine Vorstellung, die etwas erklärt, die man aber nicht glaubt, zum Beispiel: politische Mythen, der Mythos vom Kampf der Kulturen etc.

Ökonomisches Prinzip – Auch als Input-Output-Relation oder Effizienzpostulat bekannt. Es existieren zwei Ausprägungen des Ökonomischen Prinzips: *Minimalprinzip*, – das zu erreichende Ziel ist vorgegeben, der Mitteleinsatz soll so gering wie möglich sein. *Maximalprinzip* – der Mitteleinsatz ist vorgegeben, es soll ein möglichst hohes Ziel erreicht werden.

Oligarchie – (aus griech. *oligoi* = wenige; und *archē* = Herrschaft) Die Herrschaft weniger. Bezeichnete in der antiken Verfassungslehre die Entartung der Aristokratie.

Orthodoxie – (von griech. *orthós* = richtig, geradlinig; und *dóxa* = Lehre) Das Verharren in ausgeprägt traditionellen Lehrmeinungen, Ideologien oder Handlungsweisen.

Ontogenese – (von griech. *on* = Wesen, *génesis* = Entstehung) Darunter wird die Entwicklungsgeschichte des Individuums verstanden, und zwar sowohl in körperlicher als auch seelisch-geistiger Hinsicht. (Den Gegensatz zur Ontogenese bildet die *Phylogenese*.)

Pantheon – (von griech. *pan* = alles, und *theós* = Gott) Der antike Name für ein allen Göttern geweihtes Heiligtum.

Paradigma – (aus dem Griech. *para* = neben, und *deiknynai* = zeigen, begreiflich machen) Bezeichnet auf wissenschaftlichem Gebiet ein Denkmuster oder Vorstellungsrahmen zur Untersuchung dessen, was Wirklichkeit sei. Verändern sich Denkmuster grundlegend, so spricht man von einem Paradigmawechsel. Der Begriff wurde Anfang der 60er-Jahre des 20. Jahrhunderts geprägt von Thomas Samuel Kuhn (1922-1996), einem der bedeutendsten Wissenschaftsphilosophen des 20. Jahrhunderts. In *The Structure of Scientific Revolutions* schrieb er, dass der Prozess der Erkenntnis nicht in einem mehr oder weniger kontinuierlichen Fortschreiten erfolge, sondern gelegentlich Sprünge mache, die in den Wissenschaften zu revolutionär anderen Sichtweisen führten, diese nannte er „Paradigmenwechsel".

Permissivität – Gewährenlassen; Beliebigkeit, Freizügigkeit

Phänomen – Der Begriff bezeichnet ein mit den Sinnen wahrnehmbares einzelnes Ereignis.

Pilotwelle – Gemäß der Pilotwellen-Vorstellung, entwickelt vom amerikanischen Physiker David Bohm (1917-1992) nach einer Idee von Louis-Victor de Broglie (1892-1987) in den 20er-Jahren des letzten Jahrhunderts, ist jedem Quantenobjekt eine Pilotwelle zugeordnet, die aber nur durch ihre Wirkung auf das Teilchen festgestellt werden kann. Diese Welle, als „Quantenpotenzial" bezeichnet, liest quasi die Umgebung wie ein Radar und meldet den Befund an das Teilchen zurück. Dieses verhält sich dann entsprechend der Information. Somit ist in der Quantenpotenzial-Interpretation ein Quantenobjekt nicht *entweder* Teilchen *oder* Welle, sondern immer beides zugleich. Bohms Folgerung daraus lautet: Die Wirklichkeit ist ein ungeteiltes Ganzes, das durch Pilotwellen „zusammengehalten" wird. Unter der Welt der Oberflächenphänomene existiert ungeteilte Ganzheit, wo jedes Quantenobjekt *unabhängig von Zeit und Raum* mit jedem anderen in Beziehung steht, mit dem es jemals interagiert hat. (Fernwirkung, Quantenverschränkung)

Phylogenese, phylogenetisch – (griech. *filon* = Stamm, Geschlecht; *génesis* = Entstehung) Die stammesgeschichtliche Entwicklung von Lebewesen.

Psyche – Allen unseren Handlungen liegen Motive aus unserer Psyche zugrunde. "Psyche" bezeichnet das System, in dem Wahrnehmen und Denken gründen; also das, worin die affektiven und rationalen Motive unserer Handlungen gründen. Das heute vorherrschende Verständnis von Psyche bezieht sich somit auf das „Gesamtsystem" aller jener Lebensregungen, das allgemein als Innenleben oder auch Seelenleben bezeichnet wird und dabei in *Denken* und *Gefühlsleben* unterteilt wird.

Die Psyche wird vor allem in der Tiefenpsychologie zu erfassen versucht, einschließlich des dabei Unbewussten, und in verschiedenen Ordnungs- oder Erklärungsmodellen dargestellt. Traditionell wird dem Psychischen der physische Leib oder somatische Körper gegenübergestellt. Als „psychosomatisch" werden dann solche Vorgänge bezeichnet, bei denen die bewussten und unbewussten psychischen Aktivitäten mit Phänomenen im Menschen in Zusammenhang stehen, die nur physiologisch, biochemisch oder anderweitig festgestellt und beobachtet werden können.

Prinzip, prinzipiell – (lat. *principium* = Anfang, Ursprung) Der Begriff steht für die Grundlage, den Grundsatz, die Gesetzmäßigkeit, welche einer Sache, einer Idee oder Theorie zugrunde liegt, nach der etwas wirkt; – somit für ein Gesetz, das anderen Gesetzen übergeordnet ist. Im klassischen Sinne steht das Prinzip zwingend an erster Stelle, im alltäglichen Sprachgebrauch wird dies aber weniger streng gehandhabt.

Reduktionismus, reduktionistisch – Bezeichnet die isolierte Betrachtung von Einzelelementen ohne ihre Verflechtung in einem Ganzen. Oder auch die Betrachtung eines Ganzen einfach als Summe seiner Einzelteile unter dem Aspekt einer Überbetonung der Einzelteile.

Regression, regressiv – Bedeutet allgemein: Rückgang, Rückschritt. In der Psychologie wird damit der unbewusste oder bewusste Rückgriff auf kindliche Verhaltensmuster bezeichnet.

Säkularisierung – Bezeichnet die „Verweltlichung" einer Gesellschaft.

subatomar – kleiner als die Atome

Symbol – (griech. *sýmbolon*; von *syn-* = zusammen- und *ballein* = werfen, also das Zusammengefügte, Zusammengehörige. Es wird heute vermutet, dass eine Verbindung zum Sanskrit-Wort *gal* besteht, welches „verbinden, vergleichen" bedeutet, insbesondere aber: „ein Rätsel zu erraten".) In der *Semiotik* ist Symbol in seiner weitesten Begriffsbestimmung ein Zeichen, mit dem eine Bedeutung verknüpft ist. Im Allgemeinen wird der Begriff für Bedeutungsträger (das können Wörter, Gegenstände, Vorgänge etc. sein) benutzt, die weitergehende Assoziationen hervorrufen; ein Symbol weist somit einen *Bedeutungsüberschuss* auf. Symbole sind in ihrer Aussagekraft stark an einen kommunikativen Kontext gebunden. Da sich dieser historisch verändert, können auch Symbole ihre Bedeutung wandeln. Ebenso können neue Symbole entstehen oder bereits bekannte in neue Sinnzusammenhänge eingehen. Die bildende Kunst verwendet seit den frühesten Beispielen der Höhlenmalerei bis in die Gegenwart hinein in hohem Maße Symbole, und alle Religionen drücken ihre Kerngedanken in Symbolen aus. Darum folgt die sakrale Kunst den Vorgaben religiöser Symbole. Auch eine *Zahlensymbolik* durchzieht seit Frühzeiten das theologische Denken.

Terminus – (lat. für „Grenze", „Grenzstein"; Plural: *termini*) Ein *Terminus technicus* ist ein abgegrenzter Begriff innerhalb der Fachsprache eines Sachgebiets. Vergleichbare Bezeichnungen sind Fachterminus, Fachausdruck, Fachwort oder Fachbegriff. Die Menge aller Termini eines Gebietes bildet dessen spezifische Terminologie.

Theorem – (von griech. *theorema* = das Angeschaute) Innerhalb eines wissenschaftlichen Systems ist ein Theorem eine Aussage, die logisch abgeleitet aus den Axiomen eines Systems gewonnen wurde. Dabei wird diese Aussage manchmal als Lehrsatz verstanden.

Unbewusstes – nicht bewusster Teil der Psyche, sowohl individuell wie kollektiv

Wandlung – Der Begriff steht für jede Art von Veränderung, die sich nicht nur auf das Äußere oder Nebensächlichkeiten, Zufälligkeiten bezieht, sondern die Substanz oder das Wesen umfasst.

Zeitgeist – Ursprünglich handelte es sich um einen rein wissenschaftlichen Begriff, mit dem heute aber das allgemeine intellektuelle und kulturelle Klima einer Zeit oder Epoche bezeichnet wird. Im vorliegenden Buch ist der Begriff „Zeitgeist" weitgehend auch im Sinne von *Zeitbewusstsein* zu verstehen; das heißt als der Bewusstseinsstand eines Zeitalters, einer Epoche.

Zivilisation – (von lat. *civis* = Bürger) Unter dem Begriff versteht man in der Regel die Gesamtheit der durch den Fortschritt der Wissenschaft und Technik geschaffenen materiellen und sozialen Lebensbedingungen. In jüngerer Zeit wird „Zivilisation" auch negativ abgesetzt von Kultur gesehen und bezeichnet eine Gesellschaft, die nur noch auf Funktionalismus, Nützlichkeitsdenken, Komfort und übertriebene Technisierung ausgerichtet ist. Mitunter wird mit „Zivilisation" auch einfach ein geschichtlicher Zeitabschnitt bezeichnet.

Quellen

Bateson, Gregory: *Ökologie des Geistes – Anthropologische, psychologische, biologische und epistemologische Perspektiven*, Suhrkamp Taschenbuch Verlag, Frankfurt 1981.

Behr, André: *„Natürlich habe ich Träume"* (Interview mit dem Physiker Martinus Veltman). NZZ am Sonntag, Zürich 07.09.2008, Seite 76.

Bohm, David: *Die implizite Ordnung. Grundlagen eines dynamischen Holismus.* Dianus-Trikont-Buchverlag GmbH, Köln/München 1985.

Boole, George: *The Mathematical analysis of Logic.* Blackwell Publishing, Oxford 1965.

Campbell, Joseph: *Mythologie des Westens. Die Masken Gottes.* Band 3. Sphinx Verlag, Basel 1992.

Campbell, Joseph: *Schöpferische Mythologie. Die Masken Gottes.* Band 4. Sphinx Verlag, Basel 1992.

Capra, Fritjof: Das Tao der Physik. Die Konvergenz von westlicher Wissenschaft und östlicher Philosophie. Scherz Verlag, Bern München 1987.

Charon, Jean E.: *Der Geist der Materie.* Paul Zsolnay Verlag, Wien 1979.

Davidson, John: *Am Anfang ist der Geist. Die Geburt von Materie und Leben aus dem schöpferischen Geist.* O. W. Barth Verlag, Bern/München/Wien 1994.

Davies, Paul: *Der Plan Gottes. Die Rätsel unserer Existenz und die Wissenschaft.* Insel Verlag, Frankfurt 1996.

Dawson, John W.: *Das logische Dilemma. Leben und Werk von Kurt Gödel.* Springer Verlag, Wien/New York 1999.

DeMeo, James: *SAHARASIA: The 4000 BCE Origins of Child Abuse, Sex-Repression, Warfare and Social Violence, In the Deserts of the Old World.* Second Edition. Orgone Biophysical Research Lab, Ashland, Oregon 2006.

DeMeo, James: (2007): *Die Entstehung und Ausbreitung des Patrismus vor ca. 6000 Jahren: die Saharasia-These. Beweise für ein weltweites, mit dem Klima in Zusammenhang stehendes geographisches Muster im menschlichen Verhalten.* Online: http://www.orgonelab.org/saharasia_de.htm (Zugriff am 8. August 2007).

Dennett, Daniel C.: *Philosophie des menschlichen Bewusstseins.* Hoffmann und Campe Verlag, Hamburg 1994.

Diederichs, Barbara; Russell, Peter: *Quarks, Quanten und Satori.* Kamphausen Verlag, Bielefeld 2002.

Döring, Eberhard: *Immanuel Kant: Einführung in sein Werk.* marixverlag, Wiesbaden 2004.

Durant, Will: *Kulturgeschichte der Menschheit. Cäsar und Christus – Das Weltreich. Die Frühzeit des Christentums.* Band 9, Edito-Service S.A, Chêne-Bougeries 1986.

Dürr, Hans-Peter: *Auch die Wissenschaft spricht nur in Gleichnissen. Die neue Beziehung zwischen Religion und Naturwissenschaften.* Verlag Herder, Freiburg 2004.

Dürr, Hans-Peter/Oesterreicher, Marianne: *Wir erleben mehr als wir begreifen. Quantenphysik und Lebensfragen.* Verlag Herder, Freiburg 2001.

Dürr, Hans-Peter/Gottwald, Franz-Theo (Hrsg.): *Rupert Sheldrake in der Diskussion. Das Wagnis einer neuen Wissenschaft des Lebens.* Scherz Verlag, Bern/München/Wien 1999.

Einstein, Albert: *Mein Weltbild*; von Seelig, Carl (Hrsg.). Ullstein Taschenbuch Verlag, Berlin 2005.

Elias, Norbert: *Über den Prozess der Zivilisation – Soziogenetische und psychogenetische Untersuchungen.* Suhrkamp, Frankfurt 1997.

Ferris, Timothy: *Das intelligente Universum. Ein Blick zurück auf die Erde.* Byblos Verlag, Berlin 1992.

Fischer, Ernst Peter: *Niels Bohr. Die Lektion der Atome.* Piper Verlag, München 1990.

Froböse, Rolf (2008): *Quantenphysiker behaupten „Es gibt ein Jenseits".* Online: http://www.readers-edition.de/2008/04/08/quantenphysiker-beshaupten-es-gibt-ein-jenseits (Zugriff am 17.04.2008).

Fromm, Erich: *Vom Haben zum Sein. Wege und Irrwege der Selbsterfahrung.* Wilhelm Heyne Verlag, München 1994.

Fosar, Grazyna/Bludorf, Franz: *Dunkle Materie verbindet Geist und Stoff.* raum&zeit, Ausgabe Nr. 147/ 2007. Ehlers Verlag, S. 80.

Fuß, Holger: *Interview mit dem Astrophysiker Hans-Jörg Fahr.* P.M. 1/2009, Gruner + Jahr, Hamburg, Seite 83–86.

Gaspari, Cristof; Millendorfer, Hans: *Konturen einer Wende. Strategien für die Zukunft.* Styria Pichler Verlag, Graz 1985.

Gebser, Jean: *Gesamtausgabe. Ursprung und Gegenwart 1.* Novalis Verlag, Schaffhausen 1999.

Gimbutas, Marija: *Die Sprache der Göttin. Das verschüttete Symbolsystem der westlichen Zivilisation.* Zweitausendeins, Frankfurt a.M. 1995.

Gloy, Karen: *Bewusstseinstheorien. Zur Problematik und Problemgeschichte des Bewusstseins und Selbstbewusstseins.* Verlag Karl Alber GmbH, Freiburg 2004.

Händeler, Erik: *Kondratieffs Welt. Wohlstand nach der Industriegesellschaft.* Brendow Verlag, Moers 2005.

Hayward, Jeremy W.: *Liebe, Wissenschaft und die Wiederverzauberung der Welt. Briefe an Vanessa.* Arbor-Verlag, Freiburg 2006.

Heisenberg, Werner: *Der Teil und das Ganze*. Deutscher Taschenbuch Verlag, München 1996.

Helg, Martin: Interview mit dem Soziologen Thomas Druyen *("Es gab noch nie soviel Geld")*. Zürich: NZZ am Sonntag, 31. August 2008, S. 85.

Helmholtz, Hermann von: *Vorträge und Reden von Hermann von Helmholtz*. Verlag VDM, Saarbrücken 2006.

Hierzenberger, Gottfried: *Der Glaube der Urmenschen. Grundwissen Religion*. Topos plus Verlagsgemeinschaft, Kevelaer 2003.

Jeans, James: *The Universe Around Us*. Cambridge University Press, Cambridge 1929.

Jantsch, Erich: *Die Selbstorganisation des Universums. Vom Urknall zum menschlichen Geist*. Hanser Verlag, München 1992.

Jung, Carl Gustav: *Die Dynamik des Unbewussten. Gesammelte Werke Achter Band*. Walter-Verlag, Olten und Freiburg/Br. 1976.

Jung, Carl Gustav: *Mensch und Kultur. Grundwerk Band 9*. Walter-Verlag, Olten und Freiburg/Br. 1987.

Jung, Carl Gustav/von Franz, Marie-Louise/Jaffé, Aniela u.a.: *Der Mensch und seine Symbole*. Walter-Verlag, Olten und Freiburg/Br. 1988.

Jung, Carl Gustav: *Wirklichkeit der Seele*. Deutscher Taschenbuch Verlag, München 1990.

Kaku, Michio: *Im Hyperraum. Eine Reise durch Zeittunnel und Paralleluniversen*. Rowohlt Verlage, Reinbek b. Hamburg 1998.

Kant, Immanuel: *Kritik der reinen Vernunft*. Heidemann, Ingeborg (Hrgs.) Reclam, Ditzingen 1986.

Kantilli, Günter: *Die Entwicklung des Bewusstseins nach Jean Gebser*. Zusammenfassung, 2006. Online: http://www.geomantie.at/www/index.php (Zugriff am 11. August 2008).

Kneissler, Michael: Interview mit Martin Grötschel *(„Mathematiker müssen radikal sein.")*. P.M. Magazin 9/2007. Gruner+Jahr, Hamburg, S. 92–93.

Koechlin, Florianne: *Fische, die entwischen*. Zürich: WOZ 34/25.08.2005. Online: http://www.blauen-institut.ch/Tx/tF/tfFischentwisch.html (Zugriff am 03.03.2007).

Krois, John Michael: *Goethe-Vorlesungen. Vol. 11 of Ernst Cassirer – Nachgelassene Manuskripte und Texte*. Felix Meiner Verlag, Hamburg 2003.

Landua, Rolf: *Am Rand der Dimensionen. Gespräche über die Physik am CERN*. edition unseld 3/ Suhrkamp Verlag, Frankfurt a.M. 2008.

Le Bon, Gustave: *Die Psychologie der Massen*. Alfred Kröner Verlag, Stuttgart 1951.

Messadié, Gerald: *Die Geschichte Gottes. Über den Ursprung der Religionen.* Propyläen Verlag, Berlin 1998.

Nagel, Ernest/Newman, James R.: *Der Gödelsche Beweis.* Oldenbourg Wissenschaftsverlag, München 2006.

Nefiodow, Leo A.: *Der sechste Kondratieff: Wege zur Produktivität und Vollbeschäftigung im Zeitalter der Information.* Rhein-Sieg Verlag, Sankt Augustin 2006.

Neumann, Erich: *Der schöpferische Mensch und die Wandlung.* Eranos-Jahrbuch (Band XXIII), Rhein-Verlag, Zürich 1955.

Neumann, Erich: *Ursprungsgeschichte des Bewusstseins.* Fischer Taschenbuch Verlag, Frankfurt 1984.

Nørretranders, Tor: *Spüre die Welt. Die Wissenschaft des Bewusstseins.* Rowohlt Verlag, Reinbek b. Hamburg 1994.

Panikkar, Raimon: *Einführung in die Weisheit.* Verlag Herder, Freiburg 2002.

Pauli, Wolfgang/Jung, Carl Gustav; Meier, C.A. (Hrsg.): *Ein Briefwechsel 1932-1958.* Springer-Verlag, Berlin/Heidelberg/New York 1992.

Peat, David F.: *Der Stein der Weisen. Chaos und eine verborgene Weltordnung.* Hoffmann und Campe Verlag, Hamburg 1992.

Reich, Wilhelm: *The Emotional Desert.* In: *Selected Writings: An Introduction to Orgonomy.* Farrar, Straus and Giroux, New York 1973, S. 461.

Röpke, Jochen: *Der lernende Unternehmer,* Books on Demand GmbH, Norderstedt 2002.

Röpke, Jochen: *Lernen, Leben und Lieben im sechsten Kondratieff. Von Inputlogik zu Selbstevolution.* In: Paul Klemmer/Dorothee Becker-Soest/Rüdiger Wink (Hrsg.): „Liberale Grundrisse einer zukunftsfähigen Gesellschaft". Nomos Verlagsgesellschaft, Baden-Baden 1998, S. 135–152.

Röseberg, Ulrich: *Niels Bohr. Leben und Werk eines Atomphysikers 1885-1962.* Akademie Verlag, Berlin 1992.

Rucker, Rudy: *Die Wunderwelt der Vierten Dimension. Ein Kursbuch für Reisen in die höhere Wirklichkeit.* Scherz Verlag, Bern/München 1987.

Russell, Peter: *Die erwachende Erde. Unser nächster Evolutionssprung.* Heyne Verlag, München 1989.

Sheldrake, Rupert: *Die Wiedergeburt der Natur. Wissenschaftliche Grundlagen eines neuen Verständnisses der Lebendigkeit und Heiligkeit der Natur.* Scherz Verlag, Bern/München 1990.

Sheldrake, Rupert: *Das schöpferische Universum: Die Theorie des morphogenetischen Feldes.* Ullstein Verlag, Berlin 1993.

Sheldrake, Rupert/Fox, Matthew: *Die Seele ist ein Feld. Der Dialog zwischen Wissenschaft und Spiritualität.* O. W. Bart Verlag, Bern/München/Wien 1999.

Schulak, Eugen-Maria (2006): *Erkenne dich selbst! – Werde, der du bist! Über den Ursprung philosophischen Denkens.*
Online: http://www.philosophischepraxis.at/selbsterkenntnis.html (Zugriff am 11.11.2006).

Schult, Arthur: *Astrosophie als kosmische Signaturenlehre des Menschenbildes.* Band 1 und 2. Turm Verlag, Bietigheim-Bissingen 1986.

Schumpeter, Joseph: *Theorie der wirtschaftlichen Entwicklung: Eine Untersuchung über Unternehmergewinn, Kapital, Kredit, Zins und den Konjunkturzyklus.* Duncker & Humblot, Berlin 1997.

Taylor, Steve: *The Fall: The Evidence for a Golden Age. 6,000 Years of Insanity, and the Dawning of a New Era: The Insanity of the Ego in Human History and the Dawning of a New Era.* O-books John Hunt Publishing, Ropley 2005.

Vickers, Charles Geoffrey: *Value Systems and Social Process.* Basic Books, New York 1970.

Vonier, Hannelore (2008): *Entstehung des Patriarchats.* Teile 2–12.
Online: http://rette-sich-wer-kann.com/zusammenleben/patriarchat/entstehung-patriarchat-prolog-und-uebersicht/#more-126 (Zugriff am 27.10.2008).

Watzlawick, Paul: *Wie wirklich ist die Wirklichkeit. Wahn – Täuschung – Verstehen.* Piper Verlag, München 1976.

Wehr, Gerhard: *Jean Gebser: Individuelle Transformation vor dem Horizont eines neuen Bewusstseins.* Via Nova Verlag, Petersberg 1996.

Weizsäcker, Carl Friedrich von: *Zum Weltbild der Physik.* S. Hirzel Verlag, Stuttgart 1990.

Wilber, Ken: *Eros, Kosmos, Logos. Eine Vision an der Schwelle zum nächsten Jahrtausend.* Krüger Verlag, Frankfurt 1995.

Willenbrock, Harald: *Das Geheimnis der guten Wahl.* GEO 08/2008, Gruner+Jahr, Hamburg, S. 138–152.

Wolf, Fred A.: *Parallele Universen. Die Suche nach anderen Welten.* Insel Verlag, Frankfurt 1998.

Zeilinger, Anton: *Einsteins Schleier. Die neue Welt der Quantenphysik.* Wilhelm Goldmann Verlag, München 2005.